U0165835

人際溝通

的理論與應用

Interpersonal
Communication

Theories and Applications

賴祥蔚　鈕則勳◎主編

吳奇為　鈕則勳　林萃芬
張惠蓉　莊伯仲　賴祥蔚◎合著

五南圖書出版公司 印行

序

　　知名的希臘哲學家亞里斯多德（Aristotle）曾說：「人類天生就是社會性的動物。」（Man is by nature a political animal.）因為人類的天性，使我們可以分工合作，而且必須分工合作，否則文明生活便難以繼續。事實上，如果有人想要徹底單獨一人過生活，靠著自己力量面對每一天，不論在物質上或是精神上，恐怕都不是一般人能夠忍受。因此亞里斯多德斷言，如果有人能夠離群索居，那麼這個人不是神靈，便是野獸。因為是神靈，所以不需日常生活用品，即使需要也可以輕易變出來；否則必將淪為野獸，茹毛飲血、無衣蔽體。

　　人類要形成群體，傳播溝通是不可或缺的中介，否則必將各行其是，難以共事。人類社會中的傳播溝通現象無比多元，在傳播學界逐漸形成幾個主要的研究領域，包括了大眾傳播、公共／修辭傳播、人際傳播、小團體傳播、組織傳播、文化／國際間傳播以及電訊傳播等領域。其中，大眾傳播受到最多的關注，公共／修辭傳播稍稍次之，人際傳播等領域還有待發展。

　　雖然傳播的研究領域可以有以上的區分，但是實際上各個傳播領域的內涵互有重疊、密不可分。舉例來說，幾乎所有人類傳播現象都涉及人與人的溝通，因此本質上都屬於人際溝通的一環。

　　本書的寫作，恰恰佐證了人類確實是具有社會性的高等生物，因此才能針對人際溝通此一主題進行巧妙的分工與合作，參與寫作者包括了吳奇為副教授、鈕則勳副教授、林萃芬老師、張惠蓉副教授、莊伯仲副教授、賴祥蔚副教授（依篇章順序）等六位任教於大專院校的專家學者，分別針對人際溝通中的感知、口語溝通、非語言溝通、形象溝通、愛情溝通、親子溝通、社會支持、網路溝通、

1

領導溝通等九個主題，對於人際溝通的理論與應用進行了深入淺出的精采呈現。

　　本書各篇章的內容都流暢易讀，在寫作上也依照嚴謹的學術寫作格式，因此一般讀者與大學部的學生，可以略去專有名詞的原文以及相關的學術引文，直接閱讀各章內容，並且在閱讀後參考各章後面的「問題與討論」進行互動思索；讀者如果是研究生或者想要進一步深入瞭解的讀者與大學生，則可以根據各章後面的進階閱讀建議以及學術引文，繼續探索人際溝通的學術成果。

　　身為編者，得以趁便先一步遍覽全書，讀後深感收穫豐碩，相信本書必然可以滿足讀者對於人際溝通的好奇與需求。

賴祥蔚
於國立臺灣藝術大學

目　錄

1

第三篇　社會篇

第一篇　基礎篇

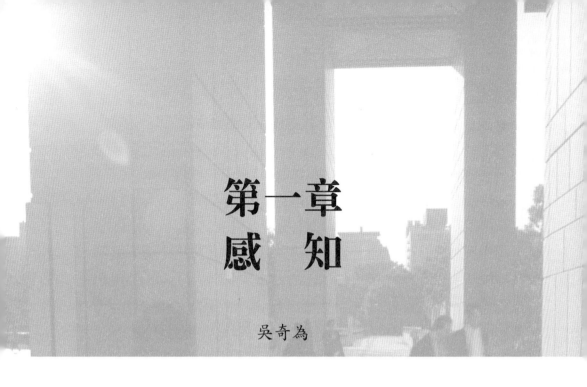

第一章
感　知

吳奇為

摘要

　　在人類溝通的過程中，知覺扮演十分重要的關鍵角色。因為社會上各式各樣的人，對於周遭環境所發生的任何刺激，都有不同的見解與看法。為什麼常常對同一件事，都有相當多的差異論述，原來這就是知覺所造成的潛在影響。

　　根據學者的研究，本文首先簡要介紹知覺的意義。其次討論形成知覺的三個過程：選擇、組織、和解釋。在說明相關的過程當中，涉及的概念如原型、個人構念、刻版印象、腳本等都會逐項分析，並提供熟悉這四種認知基模的技巧。在第三個過程解釋的部分，特別強調歸因和自私偏見，以避免知覺的扭曲或錯誤。

　　第三部分探討影響知覺的五種因素：生理因素、預期、認知能力、社會角色、以及文化因素。讓讀者深刻瞭解人們對於同一件事，卻有不同詮釋的差異在那裏？最後，提出改善知覺的四個原則性的建議：避免讀心、與他人核對知覺、分辨事實和推論、以及監控自私偏見。提供每一位想要成為現代社會有效的溝通者的參考。

第一節 知覺的意義

在人類溝通的歷程中，知覺扮演了非常重要的影響力。例如，我自己養了一條黃金獵犬「來福」，雖然體型不小，但看在我的眼裡還是小狗；有一天，三歲大的侄子來家玩，一見到「來福」，不僅有些驚訝，嘴裡還嚷著「大狗狗」，小侄子和我對狗的反應，明顯說明不同經驗的知覺。

究竟什麼是知覺（Reception）？它是一個主動並且主觀選擇、組織和解釋人群、對象、事件、情況和活動的過程（Wood, 2008）。也就是對客觀環境的主觀解釋。知覺是建立意義的主動過程。我們常常從自己的角度去認識周遭的環境，因此，它必然是一個主動的過程，而並非被動地接收外在既存的一切。當我們想要建立人際溝通的意義時，我們只選擇注意某些特定事情，然後加以組織和解釋。任何事情對我們的意義是根據我們所注意的部分，亦即我們如何組織和解釋這些特定的部分而定。由此可知，知覺不是單純地記錄外在環境，更重要的是，我們透過知覺主動與周遭環境互動，進而塑建環境對我們的意義。

第二節 知覺的過程

基本上，人際溝通中的知覺是由三個過程組合而成：選擇、組織和解釋。這三個過程幾乎是同時發生的，而且彼此之間也產生互動，因而，每個過程都會影響另外兩個過程。以下我們就來分析這三個過程。

一、選擇

當我們在大量感官刺激的環境中，只能選擇性地注意某些事情，而忽略了其他的事情。例如，你現在正在閱讀文章時，你的注意力集中在這一頁書上，同一時間你無心去注意身邊所發生的其他現象或聲音，其實，這些現象或聲音並沒有消逝，只是，事情太多了，你並沒有選擇其他部分的訊息而已。

學者的研究指出，有許多因素影響了我們對注意力的選擇（Wood, 2008）。首先，外在現象的性質會吸引注意力。例如，我們會注意到一些特別大，特別密集或反常的事情。我們也會去聽比較大的聲音，忽略微弱的聲音。當你打開電子信箱時，你比較會去注意朋友的來信，而不是那一堆不知名的垃圾信件。改變也會引發注意力，這就是為什麼當演講者運用投影增進演講的生動時，作為聽眾的我們很容易被吸引。

有時候，我們有意經由自我對話的方式去影響我們的注意力。當我們覺得疲倦卻不得不開車時，我們會提醒自己要小心駕駛。面對一大群人講話卻沒有擴音器，我們也會要求自己說話的聲音要大聲些。

教育也是一種學習的過程，讓我們對過去不曾注意的事物加以注意。例如，現在你正在學習如何自覺地從事知覺的選擇。在英文課，你學習作者如何刻劃角色與運用文學創造形象。另外從在職訓練課程中，你學習有那些事情應該注意並且身體力行。

此外，我們的需求、興趣和動機都會影響我們對於注意力的選擇（Wood, 2008）。如果你不喜歡目前的工作，你很自然地會注意求職者廣告中的其他工作機會。如果你有志從政，你就會注意新聞中的政治活動。沙漠中乾渴的旅人會看到事實上並不存在的綠洲，充分說明動機對知覺的重要性。

二、組織

原型	個人構念
某一類型中，最具代表性的例子。	一種心理狀態的兩級尺度，用來衡量人和情況。
刻板印象	腳本
在既定的類型中，關於個人和情況的概括性預測。	在特殊情況下，用來指引行為。

✿圖1-1　認知基模

資料來源：Wood, 2008: 46

　　我們不是隨意地選擇知覺，而是將知覺作有意義的組織起來。根據認知建構論（Constructivism）——1955年由凱利（George Kelly）所發展出來，認為人們透過一種被稱為基模（schemata）的認知結構，來組織與解釋經驗（Wood, 1999；游梓翔等譯，2003）。學者歸納出四個基模來說明人際溝通的知覺現象。參閱圖1-1（Thenholm, 2001; Wood, 2008）。

1. 原型（prototype）

　　它是指某些類別中最清楚、最具代表性的知識結構（Fehr, 1993）。例如，你可能會有良師、益友的原型，你也可能會有美國人、日本人的原型。這裡所講的原型，簡單的說，就是某一類別中最理想或最佳的代表。所以我們常用原型去證明以下事例：聖嚴法師代表純淨、郭台銘代表財富，或張小強是理想的工作夥伴等，這些人足以代表整個團體，換句話說，他們就是某一類別的原型。

　　原型對我們來說，是非常有益處的，因為它協助人們擴大歸類人群、事件和活動。可是當我們心目中的原型無法符合其他人的原

6

型時，就可能會造成困擾。例如，你對於小組會議的理想原型是與會成員輕鬆談笑論事，可是小組長的原型卻是正襟危坐不苟言笑。可見原型在知覺形成的過程中的重要性。

2. 個人構念（personal construct）

個人構念是指一個心理尺度，用來衡量人或情況的兩極化判斷（Kelly, 1955）。例如，聰明─不聰明，友善─不友善，不信賴─不可信賴。上文提到的原型協助我們擴大人、事、情況的廣泛類別，個人構念則讓我們在接收知覺時，對某些特殊現象作精細的評估。

在日常生活中，我們依賴有限的個人構念進行知覺的接收。例如，你想到約會的對象，心中出現的構念可能祇有這個人有趣─無趣、聰明─不聰明以及吸引人─不吸引人。同理，像公平─不公平、有學養─無學養、有趣─無趣這些構念，會指引你對老師的知覺。由於我們是根據個別構念而不是所有可能用的構念作為評估的標準，因而我們有可能接收不到，不在個人構念中的特質。這充分說明選擇和組織的互動過程將影響我們的知覺接收。

3. 刻板印象（stereotypes）

刻板印象是指對人或情況作一般性的預測（Wood, 2008）。換句話說，就是指人們對某個團體固定而簡化的概念（張春興，1991）。根據我們對某些人或某些事的分類，並以個人構念的標準衡量，我們便可預測某人或某事未來的發展（游梓翔等譯，2003）。例如，在美國如果你認為某人是自由派人士，就可能刻板印象地預測，他會投民主黨的票，支持社會服務，反對死刑等。當然你也會針對老師、學生、軍人、警察等有不同的刻板印象。

刻板印象不見得能夠貼切的反映你所歸類的單一現象，像上面對自由派人士的看法就是一例。它可能阻擋了我們瞭解在同一類型人們之間的相異性。以美國原住民為例，一般人認為所有的美國原

住民都有一樣的長相、一樣的行為模式、相同的信仰傳統。事實上，有些部落激進，有些是平和，不同的部落敬拜不同的神祇，也有不同的習俗，當討論美國原住民時，這些差異性都被忽略，而成為同一個刻板印象。

我們也必須體認到，刻板印象有時正確但也常發生錯誤。在許多案例中可能會扭曲個人的知覺，並且進一步阻礙個人與他人建立人際關係的意願。對不同省籍、不同黨派，甚至同性黨、女權運動者等的刻板印象，都會有相同的效果（陳皎眉，2004）。這說明，人們常錯認某一團體，或者是某些團體的成員。他們的個別行為並不符合我們對這個團體的整體印象。雖然我們仍需要刻板印象來預測環境中可能發生的事，但是更應該牢記刻板印象只是選擇性的、主觀的，不是絕對完整和正確的。

4. 腳本（scripts）

腳本是組織知覺的最後一個認知基模。它是指在特定情況下，我們與他人的行為準據（Wood, 1998），換句話說，它是對行為的一個指引。在日常生活中，我們的許多行為都被腳本所指引，只是很少人會注意到。例如，在校園中遇見熟人打招呼的腳本就是不加思索，脫口而說：「最近好嗎？」、「吃飽了嗎？」、「嘿！」等。第一次與人打交道，你也不需思考，很自然地自我介紹：「你好，我是某某人！（你的名字）」，或者與對方握手並微笑。腳本將知覺組織成一連串的行為。甚至有研究指出，異性男女之間的調情也都有一致的腳本可循（Metts, 2006）。

原型、個人構念、刻板印象和腳本是我們用來組織對人和情況知覺的認知基模。它可以用來活化我們的經驗，並進一步預測你我的可能行為。以下的技巧可以讓你熟悉上述四種認知基模在日常生活中所面臨的情況（Wood, 2008）。

首先，注意你如何將對方分類，也就是說要思考把對方列入原

型的那一類型，潛在朋友、約會對象，還是同事？

　　第二，辨別你用來評估對方的構念。你重視對方的外型（吸引力一無吸引力），智力條件（聰明一不聰明），心理特徵（安全一不安全），或人際關係（親近一不親近）。不同的構念在面臨不同的原型分類對象時，是否具有同等的重要性？

　　第三，認清你如何型塑對他人的刻板印象。根據你所運用的原型和構念，你如何期望他人的行為？你的期望是否會因為加諸於該人的類別不同而有差異？

　　最後，確認你的腳本，並依據你運用的原型、個人構念、刻板印象、腳本等，發展出人際溝通的互動關係。

三、解釋（interpretation）

　　解釋是指人們對所觀察與經驗到事物的一種主觀的創作性解釋過程（Wood, 2008）。如果你曾經有過和幼兒一塊成長的經驗，你就能明白「為什麼？」，是這些幼兒不斷提出的疑問。例如：「為什麼天是藍的？」、「為什麼你要生我？」、「為什麼我不能擁有我喜歡的玩具？」這一連串的為什麼，都是想知道事情發生的原因以及人們行為的背景因素。雖然成人比幼兒成熟，但是幼兒所想探索的問題，成人何嘗不想弄清楚，為了要理解事情的意義，我們就必須對他人的行為嘗試進行解釋，在解釋的過程中，必然會受到歸因和自私偏見的影響。

1. 歸因（attribution）

　　歸因是用來解釋事情為何發生和人們為何如此回應的理論（Heider, 1958; Kelly, 1967）。也就是說，把自己與別人的行為原因找出來。歸因有四個層面，如圖1-2。第一是內在與外在位置（internal-external locus），可以歸因於某人行為的內在原因（他的

個性不好），或外在原因（塞車使他心情沮喪）。第二是穩定性（stability），指行為結果的穩定不至於經常改變（他是一個緊張型的人），或是變動性造成持久性不足（他現在因為面臨很大的問題，所以十分緊張）。第三是特殊性（specifity），指行為的結果是特殊原因所造成（他對數學有天份），或一般性的因素（他是一位聰明的人）。第四是責任（responsibility）也就是控制（control），指行為的責任應該歸屬於當事人（他沒有盡力控制自己的脾氣），或是超過當事人能夠掌控（他很沮喪因為生理不平衡）。

1.位置	內在	外在
2.穩定性	穩定	不穩定
3.特殊性	特殊	普通
4.責任	個人控制	個人無法控制

❀圖1-2　歸因的層面

資料來源：Wood, 2008:57

2. 自私偏見（the self-serving bias）

雖然我們需要對個人和他人的行為加以解釋和歸因，但這些很可能並不正確。研究顯示，我們傾向建構符合個人利益的歸因（Hamachek, 1992; Sypher, 1984）。這些現象被稱之為自私偏見。因此，我們傾向把正面行為與成功歸因於內在或穩定因素，同時也樂於宣稱良好的結果是由於個人的控制。例如，小陳在餐廳打工，小費好的時候歸因於個人的服務周到；可是當小費差的時候，便責怪經理分配的檯子不好。又如小芬考試得高分，便自認為聰明過人（內在、穩定、普遍性），且用功（個人控制）。反之，就推卸責任，歸咎於外在和不穩定的因素，而且也超越了自己所能控制的範圍。也就是說，考試考得不好，都是因為老師（外在）出太多刁鑽的題目（不穩定、特殊），所以無論你多用功，也考不到好成績

（超越個人的控制）。

自私偏見將扭曲我們的知覺，造成我們在表現良好時過度居功，而在表現不好時推卸責任。甚至促使我們嚴於待人，寬於待己（Manusov, 2006）。很顯然，這將會造成我們在知覺上的扭曲或錯誤。

總而言之，知覺的建立包括三個相關的過程。第一個過程是選擇，包括在整個情境中，選擇注意和忽略的事情。第二個過程是組織，經由原型、個人構念、刻板印象、以及腳本組織我們所知覺的現象。第三個過程是解釋所蒐集和組織的知覺並賦予意義；而歸因則是解釋自己和他人行為的主要方法。雖然我們逐項討論了每一個過程，這些過程確是相互持續地發生，因此，解釋型塑了建構經驗的知識基模，而組織知覺的方式影響我們的注意力和解釋。瞭解知覺經歷的複雜過程，下面將進一步探討影響人際溝通知覺的因素。

第三節　影響知覺的因素

在我們生活的周遭，每天碰到的一些事物，常常因為不同的人而產生不一樣的看法。很少對同一件事，大家會有一致的看法，為什麼會造成這樣的差異？下文將試圖從各個角度作一剖析。

1. 生理因素（physiological factors）

感覺能力和生理機能的不同是造成人與人之間知覺差異的最主要因素。人類的互動感官（視覺、聽覺、味覺、嗅覺、觸覺）生來就有差異。對某人是震耳欲聾的音樂，對另一個人來說卻是微弱的絲絲入耳；有人感覺佐料辛辣難忍，另一個人還覺得不夠味；「天黑黑」這首童謠，正足以說明因為味覺差異而造成衝突的現象——「阿公欲煮鹹，阿嬤欲煮淡，兩人相打弄破鼎。」（陳皎眉，2004）在校園裡，你可以很輕易的發現學生的穿著從T恤、涼鞋到夾

克都有，顯見每位學生對冷的敏感度是不一樣的。有人視力很好，也有人近視，甚至是色盲。凡此種種不同的感官能力都會影響我們的知覺反應，造成人際溝通的障礙。

除了上述人類感覺器官外，個人的身體狀況也會影響知覺。如果你感覺疲倦、沮喪或生病，你可能對事物的知覺會比身體健康、精神充沛時負面。當你心情不好的時候，好朋友的玩笑可能被當成羞辱，可是當你心情好時，也就不會理會，一笑而過。我們每個人都有一個所謂「生理節奏」（biorhythin）（Wood, 2008）。指的是人體感性與理性具有一個固定週期性的韻律。它會影響每天不同時間的機敏程度。如果你是早上精神較好的人，從事工作與閱讀，容易得心應手。到了晚間反而精神鬆散又缺乏創意。

另有一些生理因素也同樣影響我們的知覺。例如，身材低的人看不到放置在櫃子上方的東西，而對身材高的人而言，卻是不費吹灰之力。

有幅知名漫畫主題是父親與孩子一起看雪景：

孩子：哇！看那些冰柱！

父親：它們沒有我小時候看的大。

孩子：爸，彎下身子一下。好，你現在抬頭往上看。

父親：哇！那些冰柱果然不小。

這幅漫畫很幽默地陳述大人和小孩因為高度而產生的知覺差異。同樣地，屬夜貓型的人，晚間如白日，精神旺盛，一到早上便昏昏欲睡，無法集中精神讀書與工作。

2. 預期（expectations）

如果有一天，你的好友要介紹一位新朋友給你認識，在他描述中，這位新朋友風趣健談、善解人意、體貼多情。你很自然地預期見到一位有這些良好特質的人。相反地，如果你的好友嘴中的人是「做事慢條斯理，常說一些冷笑話，而且比較自私自利」，結果，

你很可能不想見這個人，甚至只看見此人的缺點。

根據系列的研究，學者巴赫指出，我們的行為會受到預期的下意識影響（Bargh, 1997; 1999）。其中的一項研究，受測者參加兩次測驗，完成第一次測驗的受測者離開教室，再去詢問研究者才進入第二間教室繼續測驗。一半的受測者參加測驗的內容都與「良好禮貌」有關，另一半受測者的內容則與「無禮」有關。受測者完成第一次測驗後當要詢問研究者時，發現他正與別人交談，有趣的發現是，第一次測驗內容與無禮有關的受測者有63%打斷研究者的交談。而測驗內容與有禮有關的受測中僅有17%會打斷研究者的交談。很顯然，受測者對適當行為的知覺受到測驗內容中有禮或無禮的影響。

預期心理也會在不同的溝通情境中影響我們的知覺。例如，如果事先知道來者是新的工作主管，我們比較容易呈現出合作行為，而不是競爭式的行為；同樣地，工作主管也會透露出自私偏見的行為。又如，如果在聽演講前，得知主講者有扭曲事實的傾向，就可能認為演講的表達是不正確的；反之，主講者是受大家信賴的人，則聽眾不會朝批判角度聆聽。預期心理同樣也會反應在現代人的時間感裡。例如傳播科技大大改變了人們對訊息交換的感覺。過去，貿易信函在七至十天完成即可，如今大多數從事貿易的人幾乎都希望得到立即的回覆。此外，日常生活中，電子信件的來往，幾個小時未收到回應，就會聽見抱怨聲連連。

溝通的預期心理影響是正面具象化（positive visualization）的基礎。正面具象化是指在不同的情況中，教導人們有效地正面呈現自我的技巧（Wood, 2008）。根據心理學家的看法，正面具象化之所以有效是因為人們活動時彷彿看見了自己。例如，商場上訓練經理人摹擬一個成功的協商和會議（Lau, 1989）。運動員學習如何設想自己得心應手的演出（Port & Foster, 1986），凡事專注於正面具象

化的經理人和運動員都證明能夠改善並強化自己的表現。

指導焦慮的演說者，透過正面具象化，也就是想像成功的演說經驗，同樣也可以達到降低演說者焦慮的心情（Hamiton, 1996）。許多研究都已證明正面具象化對於降低慢性溝通恐懼特別有效（Ayres & Hopf, 1990; Bourhis & Allen, 1992）。學者指出，當我們的期望遇阻時，有三個方向去應對。

如果預期心理無法實現，學理上，這種現象稱之為「違背期望理論」（expectancy violation theory）。第一，我們對行為的解釋會受到違背的事情是正面（某人給你一個你未預期到的禮物）或負面（你認為很照顧你的主管，居然對你公開斥責）的影響。第二，違背的行為與預期行為差易程度。如果主管保留對你的正面反應，與在同仁面前批評你，兩者的違背期望是不同的。第三，違背的情形是否影響相互的關係。以男女關係為例，如果你交往的對象失約不回你的電話與交往對象約了你的好朋友，這兩者對關係的衝擊程度是不一樣的。

3. 認知能力（cognitive abilities）

知覺也經常受到認知能力的影響。其中主要包括了認知複雜度與他人導向兩部分。

(1)認知複雜度（cognitive complexity）

認知複雜度是指個人構念的數目（這是評斷他人的雙重尺標）、抽象程度以及知覺的範圍廣泛程度（游梓翔等譯，2003）。以兒童為例，大部分的兒童都有簡單的認知系統，但他們依賴的基模不多。較注意具體的構念（高－矮），卻忽略抽象、心理類目（安全－不安全），因此通常無法察覺不同知覺之間的關係（安全與外向的關係）。

成人的認知複雜度與兒童、年輕人大不相同，而這項能力將影響他們知覺的準確性。所以和二十歲的年輕人相較，六十歲的人有

較豐富的人生經驗。社會上對於女性、少數族群、同性戀者仍然存在著歧見，這些現象可能消沉了青年學生的志氣，但是對於年長者，這一切他都經歷過，實質上的改善與進步讓他對未來充滿信心。

認知複雜度也會影響我們對他人的知覺。如果你只從好與壞的角度去看待他人，你已經框限住自己對他人的知覺。例如，你可能注意到某一位外表秀麗，口若懸河，談笑風生的人。從抽象的心理層面，你會把觀察所見的行為延伸為安全且自信的人格特質，主要的原因就是因為你對某人的知覺有較多面向而不僅止於好與壞的解釋。

日後，你發現這個人在教室沉默不語。對於有些認知複雜度能力較低的人，不容易將新的資訊跟先前的觀察結合在一起，這個新的資訊會因為跟先前的觀察不符而被刪除，或者新的資訊會取代先前的觀察。但是認知複雜度較高的人，會將新的資訊結合成一個前後相連的解釋，指稱某人在社交場合有自信，但在校園則比較缺乏信心。研究也顯示，認知複雜度較高的人在解釋複雜的現象時較具彈性，而且能將新的資訊融入對人或事的思慮中。認知複雜度較低的人，則傾向忽略跟他們印象矛盾的資訊，或者丟棄舊想法取之以新的印象（Crockett, 1965; Delia, Clark & Switzer, 1974）。不論是哪一種方式，認知複雜度都可以篩選出人類本質上的若干細微差異，則是不爭的事實。

(2)他人導向（person-centeredness）

他人導向是一種把他人當成是特殊個體的能力（Wood, 2008）。當我們能夠分辨人與人的差異時，就可以調整對特定個人的人際溝通。

他人導向與認知複雜度有關。認知複雜度較高的人比認知複雜度較低的人，在面對他人和情況時，具備較廣泛和整合的知覺能力

15

（Zorn, 1991）。這使得認知複雜度較高的人可以根據特定的對象調整溝通方式。所以，聰明的政治人物就會採用不同的說話方式和強調不同的主題，來面對老年選民、小學生、工會成員、商界主管等不同的特定對象。同樣的情形也發生在你、我上聊天網時。我們都會使用火星文。

　　大家心裡應該明白，為了他人而必須調整我們的溝通行為。溝通者有時會因應某些團體的一般性特徵而製作訊息。例如，教育程度高的人批判性較強、知識較豐富，所以，面對他們說話時，有效的演講者應該多舉證明，並對聽眾的知識多些讚美。此外，像公司面臨了緊縮裁員時，由於不安全感和變遷造成員工的焦慮。有效的經理人應該向員工表達承諾，並提供多方資訊，消除疑慮。再如參加求職面試，應徵者應該對未來的公司歷史和形象做些功課，以瞭解該公司對新進人員的需求。

　　我們也必須具備對互動對象的洞察力。你應該多瞭解親密友人才能營造滿意的關係。你必須多瞭解工作上的夥伴以便工作進展順利。當你對某些人多一些瞭解後，就能深刻分辨他或她在同一團體中有無特異的地方。就像「他不像其他民意代表」，「他除了工作之外還熱心助人」。我們與對方的互動愈頻繁，共同擁有的經驗就越多樣化，也更瞭解對方的動機、感覺和行為。當我們逐漸視他人為個體時，自然而然調整對他們的知覺，而不再以刻板印象看待他們，人際的溝通便有效而順暢。

　　他人導向和同理心（empathy）不同。同理心是指與他人有同樣感覺的能力，去體會他人在某情況下的感覺（游梓翔等譯，2003；Wood, 2008）。這是一種情緒反應，有些學者認為不可能做到。因為我們的感覺容易被自己的經驗引導，所以不可能準確地體會他人的感覺。然而認可他人是一個獨特的個體，辨認彼此之間的關係，投身於他人的參考框架中，調整我們的溝通，並不是件困難的事

（Muehlhoff, 2006）。

當我們採用他人觀點時，是嘗試掌握他人的知覺與意義，同時要放下自己長期的觀點，進到另外一個人的世界中。如此做的結果，會讓我們獲知他人的觀點，促成雙方的有效溝通。在之後的溝通中，我們可能選擇表達自己的觀點，或不同意他人的看法，但表達自己的觀點並不是取代同樣重要的對方的觀點，這才是合宜而重要的坦誠溝通。

4. 社會角色（social roles）

我們的社會角色也會型塑我們的知覺和人際溝通。我們所接受善盡社會角色的訓練與角色的實際需求，會影響我們的注意以及如何解釋、分析和反應。例如，在校園中，老師對課堂的知覺著眼於學生的學習興趣、是否預習、書本所學對生活有無幫助。從學生的角度，他們關心的則是測驗的次數和難易程度，是否要交報告，老師是否風趣等。可見老師和學生對課堂的知覺是不同的。

5. 文化因素

文化是由信仰、價值、瞭解、習慣以及被相當數量的人所共享的詮釋經驗方式（游梓翔等譯，2003）。對文化差異的瞭解和敏感度，將可增進我們在知覺上的準確性。我們也許很容易接受不同的事物，像髮型、服裝和食物，但在基本的價值觀和信念方面，你可能認為，我們的思考模式很相像，但事實上不是這樣。當你認定這些相似處，卻忽略其間的差異，就無法準確的知覺周遭的情況。舉兩個例子：其一，美國一家家庭用品公司推出一款新的浴巾系列，外觀上是一些美麗的幾何圖形，但上面寫了一行阿拉伯文「除了上帝，別無勝利」，回教團體抗議，這個句子本身並無冒犯之意，但用上帝這個字來擦身體卻非常失當，該公司只有改變所有新毛巾的設計（Peterson, 1996）。

其二，一個美國人邀請菲律賓籍的同事到他家晚餐，卻被禮貌

的拒絕了。美國人覺得很難過，並認爲菲律賓人對他不友善；菲律賓人也很難過，並且覺得美國人的邀請沒有誠意。在這個例子中，美國人和菲律賓人都假定他們對於邀請的慣例是一樣的，事實上並非如此，菲律賓人預期自己應該被對方多次的邀請，如果對方只邀請一次，他就會認爲對方不是誠意的提出邀請（洪英正等譯，2003）。上述兩個例子或許可以讓我們理解，爲什麼文化差異對知覺的準確性如此的重要。

即使在同一個文化體之內，差異仍然存在。美國人並不是都同一個樣。高爾夫球名將老虎伍茲，不接受別人稱他是非洲裔或是亞洲裔美國人，他發明了Cablinasian這個詞來象徵他的族群遺傳，因爲他是一部分白人（Ca）、黑人（bl）、印度人（in）和亞洲人（asian）。同樣在臺灣的社會中，也包括了不同族群：原住民、客家人、閩南人、外省人等。當你假定來自某一個文化中的所有人都是一樣時，你就已經落入前文所提及的刻板印象思考中。因而，即使在同一種文化下，不同成員之間，仍然存在著重要而不可忽視的差異。這樣的認知可以幫助我們在面對特殊情況下的知覺更加準確（洪英正等譯，2003）。

第四節　改善知覺的要領

知覺是人際溝通的基礎，許多因素影響我們如何察覺他人和情況，想要成為有效的溝通者，下文將提供四項原則性的建議。

一、避免讀心

因爲知覺是主觀的認知，每個人注意的事情都不一樣，所賦予的意義也不盡相同，在人際溝通中最常見的問題便是讀心。讀心

（mind reading）是指當我們推測他人想法或感覺時，我們自以為知道他人腦袋裡想什麼（Wood, 2008）。這樣的臆測心意常常會導致人際關係的緊張（Gottman, 1993）。例如，某人相信他的朋友在生氣，因為這位朋友已經一整天沒有回他的電子信件。實際上，他的朋友可能有事耽誤，或電腦出狀況。類似的情況也可能出現在下面的例子中。當我們說：「我知道你正在生氣。」（這個人說過他生氣嗎？），「你不再關心我了。」（或許對方太忙）。

此外，根據研究，讀心也是夫妻間關係緊張的主要原因（Dickson, 1995; Gottmam, 1993）。例如，先生可能對太太說：「我知道你沒有準備結婚紀念日的禮物，因為這對妳而言根本不重要。」不論太太是否有準備禮物，假定太太真的忘記，先生也無法確定遺忘的原因。因此，當我們對自己說，我知道對方會有什麼感覺和反應，或者對方會做什麼時，我們正在讀心，它不僅製造緊張、產生誤解，甚至會引起對方的怨恨，因為大部分的人都喜歡自說自話。

二、與他人核對知覺

第二個要領跟第一個要領相似，因為知覺是主觀的，但是主觀的想法對瞭解他人並沒有幫助，我們必須要跟對方核對彼此的想法。在前面有關夫妻關係的例子中， 丈夫比較妥適的詢問方式，應該是：「你忘了我們的結婚紀念日嗎？」如果妻子真的忘記了，可以用和善的語氣問：「為什麼會忘記這個日子呢？」，妻子或許說不出理由，或是說的理由不夠充分，但是詢問是一種建設性對話的開始，而不應是卸責的方式。此外，當我們在進行網路溝通時，核對知覺尤其不應忽視。因為雙方都無法像在面對面溝通時，可以借助非語言的暗示去檢視知覺。

要想獲得知覺的技巧，學者提出下列的建議（Wood, 2008），值得我們參考：

1. 檢視你的讀心傾向，特別是在與對方建立關係後，你感覺你很瞭解對方時。

2. 一旦你發現自己在進行讀心時，即刻停止。並且告訴對方你所觀察到的事情，徵詢對方對這件事的看法。這樣做的主要目的，首先是釐清對方是否同意你所注意的事情，其次，清楚的瞭解對方對這件事的解釋和判斷。

3. 再接下來的兩、三天中，進行知覺核對，如此你有許多機會去瞭解真相。你會發現有多少時間因為讀心而造成的誤會。

4. 好好靜心檢討，知覺核對如何影響你和朋友之間的互動。總之，在核對知覺時，應該使用和緩的語氣，而不宜使用武斷或指責的語氣，如此可以降低對方的防禦性言辭，並鼓勵理性的討論。知覺核對的真正用意，不過是讓對方知道，你注意到某些事情，希望對方澄清對這些事情的看法。

三、分辨事實和推論

有效的溝通者能夠分辨事實與非事實（也就是推論）之間的區別。事實是指根據現實的客觀陳述或證明（Wood, 1998），例如：「張三上課經常遲到。」就是一個現實的客觀陳述。而推論則是對事實的演繹說明與判斷（Wood, 2008）。再以上述的例子說明，和張三同班的同學也有許多人遲到，老師認為這些學生不重視這門課，因而推論張三上課遲到也是因為不重視這門課。事實上，張三是一個獨立的個體，上課遲到可能有其他原因，但老師卻把其他同學遲到的事實推論到張三的身上。

一般人很容易混淆事實和推論。因為我們有時會把推論當作事

實來討論。當我們說：「陳先生沒禮貌。」時，我們做了一個很像事實的陳述，接著就相信這個並不是事實的陳述。如何才能避免這種傾向呢？我們可以嘗試使用試驗性的文字，例如：「陳先生看起來沒禮貌。」或「或許陳先生沒禮貌。」應該就可避免把推論當作事實。如果我們不能分辨事實和推論，就可能誤會別人和事實的真相，因此學習如何分辨事實和推論是十分重要的人際溝通技巧。

四、監控自私偏見

在前文中我們曾討論過自私偏見。包括將成功與正面表現歸因於內在、穩定的內控因素，而將失敗和負面的表現歸因於外在、不穩定的無法控制因素。由於這些偏見可能扭曲知覺，我們必須小心監控。

監控（monitor）是指注意行為發展和現象變動，以便於觀察與控制的過程（Wood, 2008）。它一方面檢視個人是不是常為失敗尋求理由開脫，或忽略其他環境因素，卻獨攬成功的功勞。很顯然這些都會影響我們對他人的感受。

監控自私偏見也暗示我們如何瞭解他人。例如：如果我們對自己寬厚，可能就會待人嚴厲。此外，你是否將它人的成功或令人讚美的表現，歸因於超越他們控制的外在因素；而將他人的缺點或過失，歸因於他們能夠控制的內在因素。如果你是這樣的人，現在就應該開始練習，使用較寬容的字句解釋他人的行為，並進而注意你這樣做之後，在人際溝通的過程中對知覺所產生的影響。

第五節　小　結

感知為人際溝通的基礎概念，相關研究不少，但是幾本經典

21

專著仍然值得閱讀。有興趣的讀者如果想要進一步瞭解日常生活中建構知覺時,文化所扮演的重要角色,可以參考Hall(1977)所寫、可讀性極佳的專著;如果想要探討知覺現象中幻覺與欺瞞的本質,以及從科學與藝術的角度觀察生活中的現況與問題,可以參閱Gregory and Gombrich(1973)的專著;如果想要仔細全面探討,型塑人際互動中的一般原則,包括我們如何建構世界,個人知覺的正確性,印象的形成,以及歸因理論等,可以參考Hastorf, Schneider and Polefka(1971)的經典專著。

問題與討論

1.知覺的形成包括哪些過程?在這些過程中有哪些影響因素?

2.自私偏見(self-serving bias)如何影響知覺的準確性?

3.讀心(mind reading)究竟會協助或阻擋人際的溝通?

4.如何正確獲得知覺?

5.當你經由面對面或網路與人溝通時,你是如何進行人際溝通?對方在與你溝通時,有什麼不一樣嗎?

進 階 閱 讀

Gregory, R. L. and Gombrich, E. H. (1973). *Illusion in Nature and Art*. New York: Charles Scribner's Sons.

Hall, Edward T. (1977). *Beyond Culture*. Garden City, N.Y.: Ancbor Book.

Hastorf, Albert, Schneider, D. and Polefka, J. (1971). *Person Percetion*. Baltimore: Penguin Books.

參 考 書 目

一、中文部分

洪正英、錢玉芬譯（2003）。《人際溝通》。臺北：學富文化。

張春興（1991）。《張氏心理學辭典》。臺北：東華書局。

陳皎眉（2004）。《人際關係與人際溝通》。臺北：雙葉書廊公司。

游梓翔、劉文英、廖婉如譯（2003）。《人際關係與溝通技巧》。臺北：雙葉書廊公司。

二、英文部分

Ayres, J., & Hopt, T. S. (1990). The long-term effect of visualization in the classroom :A brief research report. Communication Education, 39: 75-78.

Bourhis, J., & Allen, M. (1992). Meta-analysis of the relationship between Communication apprehension and cognitive performance. Communication Education, 41: 68-76.

Crockett, W. H. (1965). Cognitive complexity and impression formation. In B. A. Maher(Ed.), Progress in experimental personality researc, (pp.47-90). New York: Academic Press.

Delia, J., Clark, R. A., & Switzer, D (1974).Cognitive Complexity and impression formation in informal social interaction. Speech Monographs, 41: 299-308.

Dickson, F.(1995). The best is yet to be: Research on long-lasting marriages. In J. T. Wood & S.W. Duck (Eds.), Understanding relationship process, 6:off the beaten track: Understudied relationshi. (pp.22-55). Thousand Oaks, CA: Sage.

Fehr, B. (1993). How do I love thee? Let me consult my prototype. In S. W.

Duck(Ed), Understanging relationship process, (pp.87-122). Thousand Oaks, CA: Sage.

Hamachek, D. (1992). Encounters with the self (3rd ed.). Fort Worth, TX: Harcourt, Brace, Jovanovich.

Hamilton, C. (1996). Successful public speaking. Belmont, CA: Wadsworth.

Heider, F. (1958). The psychology of interpersonal relations. New York: Wiley.

Kelley, H. H. (1967). Attribution theory in social psychology. In D. Levine(Ed.), Nebraska symposium on motivation.(Vol. 15:192-238). Lincoln: University of Nebraska Press.

Kelly, G. A. (1955).The psychology of personal constructs. New York: Norton.

Lau, B. (1989). Imagining your path to success. Management Quarterly, 30: 30-41.

Metts, S., Cupach, W. R., & Bejlovec, R. A. (1989). I love you too much to ever start liking you: Redefining romantic relationship. Journal of social and Personal Relationships, 6: 259-274.

Peterson, A. (December 20, 1996). One personss geometic pattern can be anotherss sacred saying. Wall Street Journal, 81.

Schutz, W. (1966). The Interpersonal underworld. Palo Alto, CA: Science and Beharior Book.

Sypher, B.(1984). Seeing ourselves as others see us. Communication Research, 11: 97-115.

Trenholm, S. (2001). Thinking through Communication 3th.ed., Boston: Allyn and Bacon.

Wood, Julia T. (2008). Communication Mosaics: An Introduction to the field of Communication. 5th ed. Belmont, CA: Thomson.

Wood, Julia T.(1999). Interpersonal Communication: Everyday encounters, 2nd edition. Wadsworth.

Zorn, T. (1995). Bosses and buddies: Constructing and performing simultaneously hierarchical and close friendships. In J. T. Wood & S. W. Duck (Eds.), Understanding relationship processes, 6: understandied relati0onships: off the between beaten track (pp. 122-147). Thousand Oaks, CA: Sage.

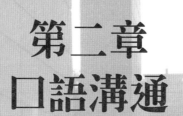

第二章
口語溝通

鈕則勳

摘要

　　本章節主要將溝通理論之論點及重要內容作一整理檢視，其中先陳述溝通的定義、特質與類型、目的，讓讀者對溝通有個初步之認識，進而說明溝通與聽眾背景之關係。而後便進入溝通結構內容部分之討論，包括如何開場破題、如何強化說服及如何收尾作結論，透過結構內容之討論，可讓讀者深刻地建構針對任何情境之口語溝通內容。

　　最後一部分則置焦於口語溝通之技術性策略，包括非語文溝通、同理心、傾聽、幽默感，及溝通障礙之解決方式；其中不僅將文獻之研究作重點之歸納，同時亦著重溝通之實用性，讓讀者能從重點整理中清楚而快速地掌握口語溝通之邏輯與策略。

第一節　口語溝通的意義與聽眾分析

一、溝通的定義、特質與類型

　　張秀蓉（1998）指出溝通有幾項特質；包括溝通是一過程、是全方位的、獨特的、符號象徵的、講究情境的；以全方位來說，溝通不是線性的，所涉及的是人的互動，不是只有現在在進行的，是隨角色扮演而定的，影響變數非常多。至於溝通的情境則有自我溝通、人際溝通、小團體溝通、組織溝通、公眾傳播、大眾傳播、異文化傳播等。

　　江中信（1998）認為自我溝通即自身的內向傳播，人際溝通是至少兩人相互配合，建立社交關係的過程；團體溝通則是一群人面對面討論，以便達成共同目標。方蘭生（2000）認為自我瞭解是一切人際傳播、溝通和互動之基礎；「處己」就是「自我溝通」，和自己打交道，而和自己溝通或打交道的前提，就是要作好自我瞭解。他亦指出自我溝通有幾項功能：(一)自我潛能的激發；(二)有助心理健康並能使自己排除許多非理性的溝通障礙；(三)增進個人的成長；(四)建立人際親和關係；(五)培育克服困難或受挫的適應力；(六)改善人際溝通能力和技巧。

　　林欽榮（2001）指出人際溝通就是個人將意念傳給他人，並欲尋求共同瞭解，期望其能採取相同行動的過程；它包括下列概念：(一)人際溝通有一定過程；(二)人際溝通是具有社會性的；(三)人際溝通有策略性質；(四)人際溝通有目標性：如自我需求滿足、希望和他人建立關係、獲得地位權力等。林欽榮（2001）認為人際溝通要遵守相關原則，包括訂定溝通目標、重視個別差異、尊重彼此感覺、注意肢體語言、選擇適當時機、作好情緒管理、能多察言觀

色、尋求共同瞭解。陳皎眉（2002）則認為人際溝通世人與人之訊息傳送和接收的互動過程，包含溝通情境、參與者、訊息和管道、各種干擾溝通進行的噪音。

Verderber（1995）指出人際溝通是只有意義的互動歷程；其中有三個重要概念，包括人際溝通是一種歷程、它是有意義的歷程、互動即雙方在溝通歷程中彼此對於溝通當時及溝通後形成之意義均負有責任。他也認為人際溝通可產生以下功能：(一)心理功能：即為了滿足社會需求而和他人溝通，為了加強和肯定自我而和他人溝通；(二)社會功能：我們發展和維持與他人的關係；(三)決策功能：包括溝通促進資訊交換、溝通有影響他人之功能。

張秀蓉（1998）認為組織溝通是在研究一互相依賴之關係網脈中，訊息的創造和交流的過程，以因應環境之不確定性的一門學問領域。游梓翔（1998）認為狹義的的公眾傳播就是演講，通常由一位演講者透過語言及輔助的非語言訊息，以及多位聽眾為對象的口語傳播；他也指出口語傳播學者Dance與Larson將公眾傳播稱為「一對多」的口語傳播。江中信（1998）指出當某種文化之成員發出一個訊息給另一個文化成員接收時，即形成了文化傳播。

二、溝通的聽眾與場合分析

黃仲珊、曾垂孝（1993）指出聽眾分析有其功能，包括減少演講者對其之憂慮及恐懼、幫助演講者對內容及用詞做適當選擇、幫助演講者採用有效的布局以說服聽眾、對聽眾回饋進行分析作為未來之參考；至於場合分析則包括場合分析、場地分析、時間分析及使用媒介的分析。他們亦認為聽眾分析包括其年齡、性別、教育程度、社會背景、抱持態度。

游梓翔（2000）則將聽眾分析分為背景分析及心理分析此兩個

具體層面。背景分析包括年齡、性別、教育、團體分析；心理分析則包括信念、態度、價值分析。

而筆者認為，聽眾分析還要包括對其宗教、族群、政治態度、甚至政黨立場的分析，由於臺灣現今政治對立態勢仍然相當嚴重，這些涉及政治的聽眾屬性，溝通者亦要特別注意。

鈕則勳（2009）認為溝通要作場合分析的第一個原因，就是要瞭解場合所提供的環境氛圍，這也就是溝通場合的內在因素；而為了營造氣氛，在不同的場合和聽眾溝通，一定會有不同的說話或溝通內容，如在喜慶宴會的場合，你一定會向你的朋友祝福、說好話，這也是順應當時的好氣氛。其次，幾個溝通場合的外在或客觀因素也應該加以說明，其包括溝通場地與設備等外在因素；以場地來說，室內或室外的溝通效果可能不太相同，在戶外的溝通，一輛車經過或天候的影響，都會影響溝通者及被溝通者的注意力，若是要進行戶外溝通就要先行瞭解此些變數來進行克服，如歌友會、演唱會就會考慮雨天備案或加強音響設備，兩人溝通可能就要加大一下自己的音量，要不就是轉換室內場地來進行溝通。相對於室外，室內溝通的變數相對較少，溝通內容較易聚焦，聽眾注意力相對較能集中。至於溝通場地設備，也是一個考量點；如簡報需要簡報系統（power point）來作搭配，就要檢視簡報場地有無可以支援的設備，場地提供的電腦有無相關程式支援等。鈕則勳（2009）亦指出溝通場合有關的還包括溝通的時間點；如打電話和別人溝通，在接通找到該聽眾後，通常會先客氣的詢問一句「現在方便說話嗎？」，這凸顯的就是溝通的時間點。

鈕則勳（2009）亦認為聽眾背景分析一定有其重要性及好處，而這些好處在溝通前、溝通中及溝通後都能展現出來。以溝通前來說，聽眾背景分析讓你能夠針對聽眾屬性及需求作預判，挑選聽眾有興趣聽及關心的主題，來拉近你和聽眾的距離；在溝通前分析聽

眾的屬性或是心理時大約可依據其年齡、性別、教育程度、社會背景、抱持的態度、和你之間的權力關係等變數來作考量。溝通中的聽眾分析意即在你和聽眾對話的過程中，其一舉一動、態度、回饋等，都在向你傳達著一定的訊息；如溝通對方在你向他說話的時候，一直心不在焉，或不停看錶，其所透露出的訊息可能是你的溝通內容不好，無法引起他的興趣，也有可能他在掛心別的事情，所以注意力不能集中，或者是他討厭你。

　　溝通後的聽眾分析，鈕則勳（2009）指出溝通者要在結束溝通後回想整個溝通情境，聽眾反應好的部分要再強化，聽眾反應差的部分要作補強；若是演講，還可透過問卷，將聽眾對你的表現、感覺、最深刻的部分、聽不懂的地方……等，勾選出來，而溝通者針對這些意見來加以分析，亦能夠清楚地知道聽眾對溝通內容的感覺，而作為日後修改的基礎。

三、溝通的目標

　　姚惠忠（2006）針對溝通的主要目標「說服他人」，提出了一些相關建議如下：(一)先傾聽別人把話說完，不要試著在他們說話時插嘴爭辯；(二)先找出雙方相同處，讓雙方達成某程度的共識；(三)說話要誠實，若自己有錯要坦然認錯；(四)不要太相信自己的直覺印象，我們一旦不同意對方，最先的反應可能是抵制，所以應留意自己的第一個反應，可能是最壞的反應；(五)感謝對方提出反對意見，讓對方知道你的善意；(六)控制自己的情緒反應，太激烈的情緒反應，指會讓對方更反感；(七)舉具體事例、權威單位之統計數據、權威人士證詞；(八)用譬喻來讓對方理解；(九)把真正的爭議問題定義清楚，避免雙方各說各話；(十)訴求高尚的動機；(十一)善用激將法，運用對方強烈的動機，來說服對方朝你想要的方向努力。

第二節　口語溝通的結構與內容安排

一、口語溝通之開場

　　黃仲珊、曾垂孝（1993）指出演講的結構與組織包括導言、本體及結論三大面向；導言如同開啟談話的開場白，主要是用來為整個演講的重心—本體來鋪路的，其功能包括建立聽眾的好感、引起聽眾的注意與興趣、建立演講者的可信度及介紹演講主題與重點。游梓翔（2000）則認為演講開頭要發揮引起注意、建立關聯、建立信度與揭示重點四項功能；而運用問題、名言、幽默、語出驚人的方式皆能引起注意。他又指出閒扯過遠、耗時過長、分貝過高、客套過度則是「開頭四忌」。鍾振昇（1997）則歸納了吸引聽眾的十種開場的方式，包括講古法、幽默法、驚人法、近事法（有新聞性的近事）、引語法（借名人的言論）、好奇法、發問法、關係法、就地取材法及沈默法。

　　鈕則勳（2009）提出了溝通開場破題的兩種方式，一種為「鴨子划水」式，另一種為「單刀直入」式；以前者來說，開場並非就直接切入主題，而是透過一些小故事、典故、共同的生活經驗，甚至是廣告詞、電影橋段來型塑溝通氛圍，一方面可「鬆懈」聽眾在與你溝通時的「慣性的排斥狀態」或「某程度的敵意」，另方面亦可能會激起他對以往生活的「甜蜜回憶」，更能讓這種回憶與溝通者的內容產生共鳴的漣漪。他並指出，時間較長的溝通場合（如演講）或是較尷尬的溝通情境（如男生想約心儀的女生去看電影）都可以以此方式來進行開場。「單刀直入」式的開場則是一般的開場方式，就是開門見山直接切入溝通主題；在時間短促的溝通場合或是嚴肅的會議場合，用此種方式就比較適合。

二、口語溝通之內容說服

　　黃仲珊、曾垂孝（1993）亦指出本體結構的四原則，包括組織結構應完整相稱、訴求重點應精簡分明、各項重點及其佐證資料和分類層次應該合理分明、布局通順流暢。游梓翔（2000）認為正文是扣除開頭與結尾以外的演講內容，包括主要及次要論點在內；而此部分首重架構模式的邏輯性，他亦歸納出最常見的四組架構模式，包括時空次序、層遞次序、因果次序、類別次序。

　　游梓翔指出，最簡單的架構模式是利用要點的時間或空間位置來排序，它包括依據主要論點發生或進行的時間先後來加以組織的「時間次序」（如時期一、時期二、時期三），及依據主要論點的區域或位置關係來加以組織的「空間次序」（如過去、現在、未來）。再來是層遞次序，運用層遞次序時，講者是先選定一個排列論點的標準（如體積），並決定在方向上是遞增（如從小到大）或遞減（由大到小），在以此標準排列要點的邏輯次序。至於因果次序，他指出有一類是先探討結果再探討原因，即「由果推因」，另一類是先探討原因再探討結果，即「由因推果」。類別次序又稱論題次序，指的是依據演講主題的某種類型或層面來設計主要論點，再設法排列其次序，但孰前孰後經常缺乏明確的邏輯關係；其問題在缺乏明確邏輯關係，較不利聽眾記憶與理解。游梓翔認為架構模式皆應符合簡單明瞭及易學好記兩原則。

　　鈕則勳（2009）指出，主題內容之強化說服有幾個關鍵點，他據此也建構出了以「＋、－、×、÷」為基礎的「內容核心」說話公式；即「條列式重點＋震撼力數據－東拉西扯×影劇高潮起伏÷多餘的垃圾資料＝勢如破竹放送熱力」。首先，任何主題皆能以條列式的方法來將其重點進行歸納，不論是簡報、演說、一般的溝通等等皆然，透過條列式論點的歸納，一方面可展現溝通者的歸納分析能

力，另方面亦可讓聽眾聽得清楚；其次，數字會說話，透過數字，聽眾可以知道你準備充分，透過數字也可使聽眾瞭解實際的情況有多麼熱烈、嚴重或……等，將數字置入溝通內容中，整體的說服力道也會變強。再者，「影劇高潮起伏」亦即溝通要讓聽眾留下印象，能讓聽眾留下印象的溝通才是完美的溝通；他並指出了幾個讓溝通留下印象的方法，如道具法、故事法、輔助工具法（如power point）與象徵比喻法。

至於其公式中的減項及除項就是一定要排除的，鈕則勳（2009）認為主題要能產生說服力，一定要避免東拉西扯，同時也要避免過多的垃圾資料；以避免東拉西扯來說，就是要將主題聚焦，亦即「鎖定一個主題」，配合條列式論點的概念，從四面八方各種角度來烘托主題，使其更加凸顯出來。最後，在清楚陳述溝通主題後，就不要再去擴大戰場了，以免使主題失焦，畢竟有些資料並無法針對主題作精準的說明，這些資料是應該要放棄的。

三、口語溝通之結論

至於結論部分，黃仲珊、曾垂孝（1993）認為要避免冗長、添加新資料、無意義的謙虛等錯誤。游梓翔（2000）也指出結尾要發揮的功能有三，即顯示告終、摘要重點與留下餘韻，常見的留下餘韻的方式包括運用名言、激發行動、展望未來、前後呼應四種；他亦提出結尾四忌，包括沒完沒了、哈腰道歉、草草結束、逃之夭夭（演講者有時因為緊張，故會像抱頭鼠竄式地逃離場地）。

鈕則勳（2009）提出了溝通收尾「超級回馬槍」的概念，而這種收尾方式有幾個重點。首先，不要以為溝通結尾就只是將論點總整理一番，總要以一個新的概念來統包它，而這個新的概念是用來期許聽眾、給聽眾規劃遠景，或用來滿足聽眾期望，因為聽眾總希

望和你溝通能得到些什麼，所以要細緻地規劃溝通結論。

　　其次，超級回馬槍的結論方式包括以笑話總結、以警語總結、以打油詩總結、以電影情節之內容期許總結、以廣告內容來總結、以寓言或自己親身經驗來總結、以歌詞或歌聲總結；以笑話總結讓聽眾有個莞爾甜蜜的回憶，以電影情節總結讓聽眾能類比成電影主角，以廣告內容總結讓聽眾能夠因廣告詞的朗朗上口而能連結你的內容，以親身經驗總結使聽眾對於你的收尾有歷歷在目之感。這樣的收尾除了能讓聽眾有跳脫「制式、老梗」的感覺外，也能讓聽眾因為最後的創意收尾再一次地將溝通的主題有個清楚的記憶。

　　Humes（1995）歸納出了「邱吉爾定律」，亦即「領導者的語言藝術」；包括震撼的開端、鎖定一個主題、簡單的辭彙、構圖與感性的結語。其中所述之相關內容，亦與前面文獻所討論之內容相關，旨在使你的溝通內容能夠跳脫以往的窠臼，達到較可預的說服目的。

　　雖然前述相關結構概念較多是以演講作為基礎，然而類似演講之情境及一般人際溝通，其原則皆可使用；使用於簡報時，其正文內容安排便可依據前述正文所提之架構進行邏輯的處理，對評審或聽眾來說，都會是便於記憶與理解之方式。

第三節　口語溝通的搭配技術

　　本部分在討論什麼樣的技術或態度能夠使我們在溝通的過程中，能夠產生加分的效果；一般來說，非語言溝通（肢體語言）、同理心、傾聽與幽默感的適當運用，常是有效溝通的關鍵原因。

▊ 一、非語言溝通

　　Verderber（1995）指出非語言溝通包括肢體動作和音調，同時亦包括衣著、傢俱、燈光、氣溫及顏色對於溝通之影響；非語言溝通相對於語言溝通，它是較模糊的、是持續的、多重管道的、呈現較多情感狀態，並且有文化上之差異。而肢體動作包括眼光接觸、面部表情、手勢、姿勢和姿態（肯定自信的態度）。鍾振昇（1997）認為非語文的表達方式包括姿態、肢體動作、表情、聲音、身體接觸、衣物、距離、時間控制等。陳皎眉（2002）認為非語言的溝通管道包括身體與言語副語言；以前者來說包括眼神注視、臉部表情、肢體動作和姿勢，以及觸摸等行為，所傳達的訊息，副語言則是指我們說話的方式，包括說話的頻率、音調、音量等。

　　陳皎眉（2002）亦指出非語言溝通有其功能；如非語言的行為能重複語言的訊息、也能加強口語的資訊，非語言溝通能夠補充語言所沒有傳達的訊息，也可能取代語言溝通（交通警察的手勢）；此外，非語言行為亦能規範言語的溝通，同時促進或抑制雙方進行語言的溝通。然而，非語言溝通也可能與語言訊息產生矛盾或不相同，即可能發生言行不一的情況，此時較會相信行為所傳送的訊息重於口語訊息。

　　關於非語言溝通，本章先提及一些必須知道的重點，在下一章將有進一步的完整介紹。

▊ 二、同理心

　　至於同理心（empathy），Verderber（1995）認為其是指偵查和確認他人的情緒狀態，並予以適當的反應；偵查和確認他人的情緒

狀態受到以下因素影響，如我們在相同情境下之經驗，我們對該情境之想像，我們對他人在相同情境下之觀察，瞭解即分析此三因素後才能予以適當的反應。

另外他亦指出一些能夠助人反應（helping response）的溝通技巧，包括(一)支持：人在表達情緒的時候，通常希望得到他人的支持；支持的話語能讓人愉快的情緒繼續下去，同時也能幫助有負向情緒者恢復情緒，不會太難過。(二)解釋：其用意在指出不同的觀點或隱含的意義，以助人們從不同角度來看事情。(三)稱讚：其能增加正向的行為，以及表彰一個人的成就，當別人做了令你感激的事，你應花時間去告訴他。(四)建設性批評：包括要求給予建設性批評及給予建設性批評之原則；前者包括主動要求以避免心理衝擊、相信批評對自己有好處、以具體的問題要求批評、以真心誠意要求批評、感謝給你真誠批評的人、確定對批評之瞭解。至於給予建設性批評的原則包括確定對方願意聽批評、正確描述一個人的行為、盡可能的先稱讚再給批評、儘量具體、針對最近發生的行為、針對可以改變的行為、盡可能提出修正的方法。

三、傾聽

陳皎眉（2002）認為如何真正聽懂對方的談話，關心對方的感受，和對方一起找尋適當解決問題的方法才是真正的溝通之鑰；她借用Bolton於1979年提出積極的聽之三大技巧，包括專注的技巧、追隨的技巧與反應的技巧；專注即是透過一些非語言的溝通，讓交談的對方知道你正仔細聽他說話，對他所說的事情感到興趣，因而促使對方願意表達心中的想法。追隨的技巧主要之目的是讓講者以自己的方式，表達內心的想法與感受，使聽者能更加瞭解講者如何看待自己所處的情境，即聽者儘量以旁觀者的態度，不要干擾說者

的陳述。反應的技巧即是當我們傾聽對方說話時,適當地給予對方反應。

彭懷眞(1997)指出要達到聽的效果須掌握三個步驟;即注意對方、接收訊息與理解意思,並運用一些技巧。這些技巧包括身體略向前傾、多微笑、作筆記寫下重點、保持開放的心靈與態度、降低情緒干擾、集中精神、迅速思考對方傳達的意思、增進雙方的瞭解。總之,誠懇、積極的傾聽是良好人際關係的重要基石。

四、幽默感

鈕則勳(2009)指出,幽默笑點到底要如何安排到說話內容中呢?有幾個原則及應該注意的策略:那就是幽默笑點必須要切合主題,幽默的笑點不應太過複雜,幽默笑點的產製要有創意概念,同時素材要多元。他認為不要自以為幽默、不要故作幽默,更不要為幽默而幽默,若溝通者自己的個性並非是走幽默路線的,不一定硬要讓自己在溝通中展現幽默;而如何展現幽默,鈕則勳(2009)認為,可以事先安排一些幽默笑點在溝通內容中,也可透過適度的自嘲來展現幽默感,如蘇貞昌自嘲自己為「電火球」、馬英九自嘲自己臺語不「輪轉」,都是凸顯幽默感的方式,但自嘲千萬不要過度,以免予聽眾錯誤的認知,貶損溝通者溝通內容的公信力。

五、溝通障礙與解決方式

林欽榮(2001)指出了人際溝通的障礙包括內在、外在及語意的溝通障礙;以內在溝通障礙來說,包括自我封閉、知覺偏差、個性極端、價值差異、情緒不穩、資訊負荷過重、不良的聆聽習慣。外在溝通障礙則有空間距離、時間壓力、地位隔閡,另外時間過

長、噪音、強光、移動的事務都可能打斷人際間之溝通，都是溝通障礙；至於語意溝通障礙則包括語法結構問題、文字意涵的差異、語言內容太複雜艱澀、語意含混不清、太多專業用語。

姚惠忠（2006）則指出人與人之間會遇到的溝通障礙有語言障礙、文化障礙及心理障礙。陳皎眉（2002）將人們的溝通障礙分成三大類；包括(一)裁判：如批評、命名或標籤化（將他人貼上標籤，賦予刻板的名稱）、診斷（分析他人行為的原因），它們都有共同特點，就是裁判他人，亦即表示對人事物的贊同或反對、喜歡或討厭等。(二)提供解決方法：如命令、威脅、說教、過多或不當的詢問、忠告；提供他人解決問題的方法可能出於善意，但是因為個人常無法或無心完全瞭解對方問題的背景、成因或複雜性，就輕易地提出自以為是的解決方法，往往讓別人覺得你根本不瞭解他或他的問題，徒增新困擾。(三)忽略他人所關心的重點：亦即在溝通中我們只聽到他們說的話，沒瞭解它們的感受，常提出空泛的安慰或保證，或經由邏輯論證來支持你的說法，但對方會覺得你並非真正關心他，而降低對方繼續交談下去的意願；如安慰轉向（藉由談論其他事情轉移他人注意力或迴避他人所關注的問題）、邏輯論證（忽視對方情緒反應，而以事實及邏輯的觀點來為他人分析事情或做出評斷）、保證（企圖利用一些承諾，來停止對方所經歷的負向情緒）。

方蘭生（2000）認為溝通失敗還有許多其他因素，包括(一)時間地點不對；(二)彼此的心情或情緒欠佳時；(三)得失心理過強，或斤斤計較之心過重；(四)自己的準備工夫不足，而造成說服力太弱；(五)沒學會站在對方的立場看事情，或把溝通不成的錯老是怪罪對方。

如何解決這些溝通障礙，林欽榮（2001）認為有以下途徑：(一)善用溝通語言；(二)健全完整人格：因為有些溝通障礙出於個人

39

心理因素，故要克服此方面所造成的障礙，宜健全完整人格；(三)控制自我情緒：與人溝通須保持平穩情緒，才能達到溝通目的；(四)培養同理感；(五)作有效聆聽；(六)注意肢體動作；(七)規劃資訊流向：以確保個人能得到最適當的資訊，減少溝通負荷過高之障礙；(八)利用直接回饋：它使溝通者能得知其訊息是否被接收到，或已經產生了期望的反應；(九)追蹤溝通後果。

鈕則勳（2009）認為，以瞭解聽眾需求所建構的「聽眾至上的觀念」，適當的重複或垂詢與聽眾表情的解讀，應該也是解決或降低溝通障礙的幾個重點；能瞭解聽眾的需求，就能安排有利於聽眾的論述重點，讓他樂於吸收訊息。能適當的重複或詢問請教聽眾的意見，聽眾亦會覺得溝通者是個尊重聽眾的人；透過聽眾表情的解讀，溝通者變更能對症下藥，針對聽眾的反應來將溝通內容作微調。透過這些互動方式，溝通者與聽眾的距離便能順勢拉近，溝通障礙消除或降低的可能性便因而提高。

前面已經提過，陳皎眉（2002）認為如何真正聽懂對方的談話，關心對方的感受，和對方一起找尋適當解決問題的方法才是真正的溝通之鑰；她除了強調有效的傾聽之外，更以「如何說」來提出相關建議。以傾聽來說，則如前述Bolton所提包括專注的技巧、追隨的技巧與反應的技巧等積極的聽之技巧。至於要如何說，她提出有效溝通的七要點，包括描述而非評價、具體而非模糊、試探而非確定、真誠而不操弄、同理而非同情或無情、平等而非優越、正向而非負向。

1.若是你今天要做個研究報告或是企劃案簡報，你能否以條列式的方式安排溝通內容，讓聽眾一聽即明。

2.能否回憶出幾個溝通結尾時應該要注意的原則。

3.文中有提到口語溝通的幾個應該注意的面向，試著以這些面向來融入你的口語溝通中。

4.溝通者在溝通過程中要注意聽眾分析，應該注意的重點有哪些；聽眾分析只有再溝通前要做，還是溝通中及溝通後皆要做。

5.溝通障礙是如何形成的，要如何解決溝通障礙。

參 考 書 目 與 進 階 閱 讀

一、中文部分

方美鈴譯（1995）。《邱吉爾演講術》。臺北：聯經。（原書Humes, James C.著）

方蘭生（1995）。《魅力公關》。臺北：希代。

方蘭生（2000）。《方蘭生談自助公關》。臺北：希代。

林欽榮（2001）。《人際關係與溝通》。臺北：揚智。

姚惠忠（2006）。《公共關係學：原理與實務》。臺北：五南。

陳皎眉（2002）。《人際關係》。臺北：空中大學。

張秀蓉編（1998）。《口語傳播概論》。臺北：正中。

彭芸（2001）。《新媒介與政治》。臺北：五南。

彭懷恩（2002）。《政治傳播與溝通》。臺北：風雲論壇。

彭懷恩（2006）。《別怕媒體》。臺北：米羅文化。

彭懷眞（1997）。《溝通無障礙》。臺北：希代。

鈕則勳（2005）。《政治廣告》。臺北：揚智。

鈕則勳（2009）。《就是比你受歡迎》。臺北：書泉。

黃仲珊、曾垂孝（1993）。《口頭傳播：演講的理論與方法》。臺北：遠流。

黑幼龍（2004）。《聰明擁有說服力》。臺北：天下文化。

黑幼龍（2004）。《溝通可以輕鬆，說服也能雙贏》。臺北：天下文化。

游梓翔（2000）。《演講學原理》。臺北：五南。

劉必榮（1992）。《談判》。臺北：揚智。

劉必榮（1994）。《談判孫子兵法》。臺北：希代。

賴祥蔚（2006）。《有效公關》。臺北：米羅文化。

鍾振昇（1997）。《領導式演講——以競選演說爲師》。臺北：遠流。

二、英文部分

Arkin, R. M. & Shepperd, J. A. (1990). Strategic self-presentation: An overview. In M. J. Cody & M. L. McLaughlin (Eds.), The Psychology of tactical communication (pp.175-193). Clevedon, Philadelphia: Multilingual Matters Ltd.

Luke, Jeffrey (1998). Catalytic leadership: Strategies for an interconnected world. San Francisco: Jossey-Bass Publishers.

Scott, M. B. & Lyman, S. M. (1968). *Accounts. American Sociological Review*, 33: 46-62.

Verderber, Rudolph F. & Verderber, Kathleen S. (1995). *Inter-act-using interpersonal communication skills*. Wadsworth.

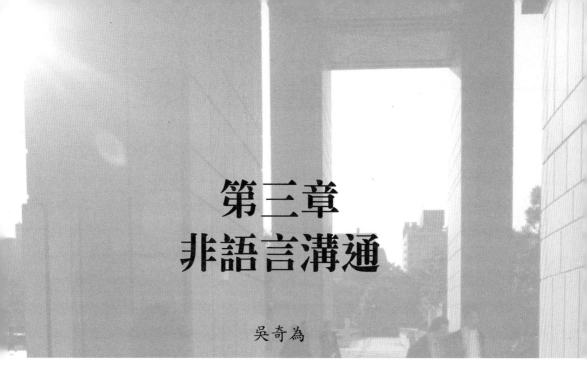

第三章
非語言溝通

吳奇為

摘要

　　我們不僅生活在一個語言的世界，同時也生活在一個沉默訊息的世界。每一天伴隨我們說話的是姿勢、空間與時間，即使我們不能說話，無形的訊息依舊徘徊於四周，顏色刺激我們，聲音帶來寧靜，人的體味、外貌和感覺吸引我們，為了要進行一個完整的溝通，我們必須學會這些非語言的內容。

　　本章將逐一檢視非語言溝通的相關概念，並從日常生活中舉證落實這些基本概念的例子。首先將界定非語言溝通的意義，徹底瞭解字義及非語言行為的目的。其次探討非語言溝通的特質，從八個不同面向分析其本質與特徵。接著深入指出，在人際溝通的過程中，非語言行為所扮演的功能為何，讓讀者明白研習非語言溝通的重要性。

　　再接著，我們把重點放在非語言溝通的八個管道：身體溝通（body communication）、面部溝通（facial communication）、眼睛溝通（eye communication）、撫觸溝通（touch communication）、副語言與沉默（paralanguage and silence）、

空間溝通（spatial communication）、人工物品溝通（artifactual communication）以及時間溝通（temporal communication）。依序將豐富的不同內容作一詮釋。

最後，有鑑於非語言溝通的複雜性，它不僅是我們面對變遷社會中人際互動的重要資訊來源，也是人世間誤會產生的主要原因。因此，提出改善非語言溝通能力的六項建議。希望有助於消弭人際間的隔閡與誤解。

第一節　非語言溝通的意義

　　除了語言是人類溝通的主要媒介外，非語言訊息也是人際溝通時的重要因素（Burgoon, 2002），傳遞意義的主要工具。非語言溝通又是什麼呢？想要回答這一個問題，翻閱任何一本有關人類溝通的書本，都可能發現不同的定義。從心理學的角度，顯然與社會學的觀點是不一樣的。同樣的從組織傳播與大眾傳播的看法。亦有差異。不論如何，研習人類溝通的愛好者，卻不能不清楚界定這個語詞的意義。

　　非語言溝通（nonverbal communication）簡單的說，就是「非文字的溝通」（communication without words）（Gamble, 1998; Devito, 2007）。當你表達不同的身體姿勢、微笑或皺眉、睜大眼睛、向某人移動座椅、配戴亮麗配件、接觸某人、提高說話音量、甚至沉默無語等，這一切都是所謂的非語言溝通。不需要開口說一個字，重要的是你所傳遞的訊息，必須讓對方接收並賦予意義。也就是說，只要非語言符號具備共識基礎的意義，便屬於非語言溝通（Burgoon, 1978；張秀蓉，1998；趙雅麗，2003）。因而，就人類溝通的整體而言，非語言溝通常常是語言溝通的基礎，不過我們也要提醒讀者，兩者之間是相互支援、配合而成為一個完整的傳播體系（total communication system）。縱使如此，本文因為行文的方便，必須暫時將語言溝通部分擱置，深入且廣泛探討非語言溝通的相關概念與行為，以彰顯它在人際溝通過程中的重要性。

　　學者巴克（Buck）指出，人類進行非語言溝通時，受到兩種均等的方式左右：自然的溝通與符號的溝通（Buck, 1984）。所謂自然的溝通（spontaneous communication）是指，訊息傳送者非自願的表達內在情緒的狀態，訊息接收者立即且直接的知曉這些狀態。其實，它源自於生物的訊號系統。當我們自然地進行溝通時，非語言

的記號（姿勢或面部表情）不過是內在情緒的外在表現而已。它並非事先計畫或有意圖的行為。例如，當你在行走時不期而遇的碰上了游走的蛇，很自然會產生恐懼感，非志願的表達這種恐懼感，則是立即而自動跑到離你幾呎遠的朋友背後。實際上，你的舉措是一種自然反應，甚至根本沒想過要這麼做。米德（Mead）把這類溝通稱為「姿勢的交談」（conversation of gestures）（Mead, 1934）。

另一種方式是符號的溝通（symbolic communication），它是由社會所型塑的一種專斷符號，用來傳遞特定的訊息。例如，你想讓對方知道，你非常高興遇到她，你可能露出快樂的表情以表達內心的喜悅情緒。不同於其他動物，人類可以學習運用符號溝通去改變某些自然的表達。例如，欺騙常常是隱藏並控制，在一般狀況下，很容易被他人看得到的身體姿勢或面部表情。

由以上的解說，可知非語言溝通，一方面根據社會約定俗成的規範進行有意圖的溝通；有些時候，當我們無法用語言表達或自我控制時，也能透過非語言的情緒自然抒發與他人互通往來。

第二節　非語言溝通的特質

非語言溝通是人類整體溝通的一部分。從非語言的角度來看，我們每一個人都是資訊的燈塔，持續地發送訊息，被他人接收並賦予意義。基本上，它與其他溝通體系有很大的差異，以下將說明它的八項特質。

一、所有非語言行為都有訊息的價值

想一想，我們能夠把嘴閉上不說話，但卻不能限制行為舉止的活動。不論是有意圖或無意圖的行為，始終自由自在的在進行，它

傳達的是非語言的豐富訊息。

　　只要有人在現場，知道你的存在，並解讀你的非語言資訊，你就不可能停止溝通。即使你別過頭，從他人目光中移開，你並沒有中止溝通。如果你在心中已有這樣的認識。當你正在閱讀時，若有人進入你的周圍，它就會引發你的非語言行為反映。又如，你端正坐在桌後或斜躺在床上，你的臉部表情是否呈現不一樣的興趣和瞭解呢？！

二、非語言溝通的模糊性

　　雖然非語言符號在溝通時是持續的，並且常常是非志願的，它們卻無法接受明確的辨識。也就是說，非語言溝通的內容比較模糊，以至於造成錯誤的意義再現。例如，對於一位大學生來說，穿牛仔褲可能代表舒適的、灑脫的年輕氣息；可是當同性戀團體標示，「如果你支持同性戀，請穿牛仔褲！」，你同樣也穿牛仔褲，便可能被視為對同性戀權益的支持者。

　　另一個模糊的原因，是因為同樣的符號背後，可能隱含各種不同的訊息意義。例如，「微笑」就有許多不同的意思，可能是表達個人的友善，也可能是為了掩飾緊張，或甚至只是無意間想到一件令人溫馨的事（鄭佩芬，2000）。

　　有些人天生比較笨拙於以非語言的方式表達內心的情緒。他們可能有一張「撲克臉」或平調的說話聲音。有時候他們只想捉弄一下別人，但是面無表情的樣子，卻無法讓人相信他們會想整人。因此，若要從他人行為的外觀（非語言的符號）去解釋行為的真實意義，常常是吃力不討好的一件事。

　　學者提供一項可行的策略，協助我們克服上述非語言溝通的困難。這就是所謂的「知覺核對」（Beebe et al., 2001）。它是指仔

49

細觀察對方非語言表達的指示（cues），提出自己的詮釋，然後完成以下兩件事當中的任何一件：第一、詢問你觀察的對象，讓他們說明個人的感覺以及所發生的情況。第二、向第三者解釋你的觀察所知，希望能在你做出最終結論前，獲取更多的意見。我們必須理解，你的詮釋不必然是正確的，如此，「知覺核對」才能發揮對非語言溝通訊息意義的正確解讀。

三、非語言溝通是立即的、持續的與自然的

非語言的動作是我們身體器官的延伸，所以它是立即的（Trenholm, 2001）。當我們說話時，可以先挑選適當的文字，小心翼翼組合，並在適當的時間與地點說出口。但是我們卻無法延遲非語言訊息的發送。一旦面對面與人溝通時，非語言訊息便一覽無遺的表現出來。因而，我們常掛在嘴上的一句話，就是「人不可能不溝通」。

非語言訊息比語言訊息更有持續性。不像文字的起始與結束可以任意中斷，非語言溝通是只要人與人有互動，溝通行為就持續存在。即使「沒反應」，在非語言溝通中仍然深具意義，例如，在金庸名著《神鵰俠侶》中，楊過向郭靖問起自己父親的死因，郭靖「臉上變色，身子微顫，黯然不語」，楊過年紀雖小，卻也覺得其中必有隱情。在這一段敘事中，郭靖一語未發，但是兩人間的溝通卻未中斷一直都在進行（鄭佩芬，2000）。

最後，比起語言溝通，非語言溝通少了一些專斷獨為，多了一些本性使然的表現。大體來說，當我們的身體姿態透露出他人可以再靠近一些時，身體姿態的本身已經自然的暗示，對方可以靠近我們的途徑。例如，多年不見的母女，母親展開雙臂迎接女兒，不必張口說話，女兒就奔向母親的懷抱。此外，日常生活中，當我們用

擁抱表示關懷時，擁抱的本身便是一種安慰的自然表徵。

四、非語言溝通是多管道的

你曾經試過同時觀賞兩個或更多的電視節目嗎？有些多頻道電視可以同時讓你收看多達八個節目（Beebe et al., 2001）。如同多頻道電視一樣，非語言訊息也從不同的來源呈現在我們的感覺官能上。實際上，觀賞電視時，你一次只能收看一個節目；在進行非語言溝通時，即使能夠很快的轉移，我們也只能一次呈現一個非語言訊息的指示。但是不要忘記，在回應對方的溝通行為時，我們仍然必須配合語言的內容，蒐集確實的非語言指示，以獲得一次完整的人際互動。

非語言系統是由各種不同的符碼所組成，想要成為一名優秀的溝通者，就必須瞭解並熟悉每一種符碼的意義及其功能。當不同的非語言符碼共同運作傳送一樣的訊息，產生的影響力不可小覷；反之，非語言符碼各自傳送訊息，容易讓接收者混淆訊息的意義（Trenholm, 2001）。例如，在面談時，本來很有自信的笑容，卻因為緊張的抖動雙腳而大打折扣；誠摯的握手，也因為過於強力僵硬的方式令人有些錯愕。這說明有潛力的溝通者不可疏忽對非語言訊息的全盤理解。

五、非語言溝通是以文化為核心的

有些學者認為，全球的語言差異極大，所以人與人之間常常無法順利溝通，但是卻可以經由非語言符號交換想法與感覺，來增進瞭解。例如，面部表情的快樂、生氣、鄙視、害怕、驚訝和哀傷，在許多不同的文化中表達同樣的涵義。此外，像手部姿勢的「指

稱」（point）也是超越文化藩籬（Ekman & Friesen, 1975; Argyle, 1988）。

　　然而，並不是所有的非語言行為，都具有普通性的特質。更多的時候，同樣的非語言符號，在不同的文化中代表著不一樣的意義。例如，大部分的文化裡，「微笑」代表「快樂」，某些文化則代表「困惑」或「順從」。甚至，表達微笑的地點和時間長短，都會因文化不同而有不一樣的效果（Trenholm, 2001）。

　　由此可知，在表達和詮釋內心感情的非語言溝通中，文化扮演非常重要的關鍵角色（Beebe et al., 2001; Trenholm, 2001; Devito, 2007）。尤其是，人與人的距離靠著傳播科技的協助日益接近時，我們已經沒有藉口不對文化投以較多的注意。

　　誠如知名的文化傳播學者波特和沙漠瓦（Poter & Samovar）所說，「絕大多數非語言溝通是以文化為基礎，它所代表的意涵正好反應成員所接收的文化。」（Poter & Samovar, 1997: 19）。以下舉兩個實例加以闡釋。其一，在美國的社交場合，與人握手並擁抱是一個正常的禮儀，但是在臺灣的社會中，這種非語言溝通的表達方式可能就必須斟酌。此外，同樣是表達問候，日本人是「九十度鞠躬」，中國人是「打躬作揖」，拉丁美洲是「熱情擁抱」，非洲某些部落則是「鼻碰鼻」。

　　其二，這是一位美國年輕學生會見女友父親的尷尬經驗。他遠赴土耳其拜會未來的岳父，當三人一塊走在大街上，這時他必須要緊握女友父親的一隻手，女友則握住父親的另一隻手。女友警告他，不能鬆手，也不可掉以輕心。根據土耳其的習俗，這個非語言溝通行為的「牽手」代表「尊敬」。

六、非語言溝通是非語言學的

非語言溝通，不像語言學，有「字典」可以查閱，但是由於學者的專注研究，不僅有「神經語言程式學」（neuo linguistic programming）的專門探索（鄭佩芬，2000），還進一步指出，非語言溝通也是另一種具備語型、文法的語言（Fast, 1970; Beebe, et al., 2001）。例如，如果女士跨腿而坐並上下抖動地與男士交談，表示她對談話對象心存浪漫的念頭。人際互動時迴避眼睛的接觸，可能被認為不夠誠實和不值信賴。面對他人時，雙臂交叉表示敵意（Fast, 1970）。

採用這種方式解釋非語言符碼，最大的問題就是沒有考慮個人因素、情境背景以及文化差異（Beebe, et al., 2001）。因為抖動雙腳可能表示緊張、而非引人注意。迴避眼睛的接觸，可能是個性上的害羞，或者是因為某些文化認為這樣的舉措是失禮；至於雙臂交叉也有可能是一種舒適的姿勢，或者是酷型的表徵之一。凡此種種都在強調非語言溝通，本質上仍是非語言學的。

七、非語言溝通陳述關係應提供欺瞞的暗示

一般來說，非語言溝通在傳達情緒和感覺的效果，要比語言溝通的文字強。例如，喜歡、注意力、生氣和尊重等表達內在情緒的狀態，幾乎都必須大量依賴非語言溝通的方式才能完成（Gamble, 1998）。

因此，對人際溝通對象的正確資訊，主要來自非語言的符碼而不是語言的表達。例如，從面部表情去判斷情緒動態，從眼睛去評估情緒支配與能力，也從聆聽聲音去衡量果斷力與自信心。很顯然，很多人並不知道非語言溝通能做到上述的這些事情。實際上，

53

學者的研究指出，我們只有站在本位的立場，才會全力進行以非語言為主的溝通，以爭取他人對我們的瞭解（Leathers, 1997；Gamble, 1998）。

此外，如果某人說一件事，卻另有所指。我們也能夠採用「欺瞞偵測」（deception detection）的技巧來分辨其間的差異。這是指在一般的情況下，語言與非語言間的矛盾和不一致，我們都應該採納非語言的訊息，因為非語言符碼比較不容易做假。這些非語言的內容包括表情、聲音變化、身體姿勢、和舌頭滑動（Ekman, 1992）。

八、非語言溝通可能是無意圖的

在人際交流的過程中，不論是訊息的發送者或是接收者都必須深刻瞭解，非語言行為的無意圖特質所產生的重大影響。做為訊息接收者，我們應體認不是每一個非語言行為都是有意圖的。所以一方面要尋求不同的解釋，另一方面要牢記在心，光靠非語言訊息是件危險的嘗試。從訊息發送者的角度來看，我們也必須提高警覺，提醒自己無意圖的非語言訊息很容易與我們內心所欲傳達的意思衝突，甚至損害原意。因此，在進行人際溝通時，必須將語言與非語言訊息相互調合，清晰表達（Trenholm, 2001）。

第三節　非語言溝通的功能

雖然非語言溝通和語言溝通，在一般性的功能上並無不同，但是研究非語言溝通的學者，特別舉出下述五項重要的功能：印象管理、關係的建立與界定、建構會談、影響力、表達情緒（Burgoom, Buller & Woodall, 1996; Burgoon & Hoobler, 2002）。

一、印象的形成與管理

　　大體上來說，我們透過他人的非語言溝通，去型塑對他人的印象。根據對方的體型、膚色、穿著，以及對方的笑容方式，眼睛的接觸，面部表情等因素，我們建立了一個對方的形象，並據以判斷對方是誰，是一位怎麼樣的人。這些形象可歸納為四種類型（Leathers, 1997）：

　　(一)信賴程度。某人的能力與信任度。

　　(二)喜歡程度。喜歡或討厭某人的情形。

　　(三)吸引力。某人的外型所造成的吸引力。

　　(四)支配度。某人的力量大小。

　　當然，我們也經由相同的非語言訊號呈現自我。但是，我們不僅運用非語言方式呈現眞實的我，我們也進一步管理這些形象。例如，內心恐懼時，必須強制鎭定，表現勇敢沉著。悲傷時強顏歡笑（Devito, 2007）。

二、關係的建立與界定

　　日常生活中，關係的建立絕大部分是由人與人之間的非語言訊息交換所產生（Devito, 2007）。緊握雙手，深情款款的凝視，甚至穿著打扮近似，都是表現人際關係的親近程度。根據研究指出，一般人常利用非語言的記號，表示關係的支配權利和身分地位（Knapp & Hall, 2002）。例如，寬敞的空間配置一張大桌子，表示高社經地位；在地下室的角落擺設小桌子，無庸置疑，代表低社經地位。

三、建構會談與社會互動

當你與人交談時，你不斷地進行著「換人線索」（turn-taking cues）的發出與接收（Devoit, 2007）。也就是說，針對說話者剛才說過的話，你想要加以回答、仔細聆聽或表達異議，彼此互動的規則完全仰賴線索來支配。換人線索可以透過語言方式（你認為如何？），但是絕大部分還是靠非語言方式進行。例如，用點頭的方式，表示你願意放棄自己說話的權利，而讓他人表達意見。你也可以透過非語言的方式，提示對方，不要再繼續說下去，因為你想結束這次交談。

四、發揮影響力

你可以透過說話去影響他人，你同樣也可以透過非語言方式發揮你的影響力。例如，專注的目光代表你的承諾，用手勢來強化你的言辭不足，靠衣著表示你更適合眼前的這家公司。

很顯然，個人的影響力也來自於具備誤導他人的能力。例如，運用非語言的符碼，把錯誤的訊息扭轉為真，把真實的事件讓他人誤以為是假象。運用目光和面部表情博取他人對你的喜歡與好感，而你真正的目的則是想爭取職務的升遷。這些都是非語言溝通發揮影響力的明證。

五、內心情緒的表達

日常生活中，內心情緒經常透過語言向外發抒與解釋，可是非語言的方式卻傳遞更多個人內在世界的情感。我們通常使用非語言訊息傳達不愉快的事情，而這些不愉快的事，在人際互動中較難啟

齒。例如，當你不想與某人交談或淡化情誼，你可能採取避免目光接觸，或與某人保持適當距離以表達內心的情緒。想要成為一名成功的溝通者，瞭解對方的情緒，往往會有意想不到的效果，學者建議要常常心存同理心（Weaver, 1987），這就是設身處地以當事人的角度去思考問題。非語言溝通既然有情緒表達的功能，若我們都能以同理心去掌握非語言的訊息，人際關係的增進必然是可預期的。

第四節 非語言溝通的管道

根據學者研究，非語言溝通的管道包羅萬象，大致可歸納為以下八項。身體溝通、面部溝通、眼睛溝通、撫觸溝通、副語言溝通、空間溝通、人工製品溝通、以及時間溝通等（Devoit, 2007）。

一、身體溝通（body communication）

一般來說，身體溝通分為兩大部分，其一是身體姿勢，其二是身體外貌。

(一)身體姿勢

身體姿勢，又稱為動作學（kinesics），是指身體的動作或姿勢，用來傳遞一個理念、企圖、或感情（陳彥豪，1999）。Ekman與Fnesen（1969）將身體動作區別為五種類型。

1. 象徵（emblems）

它可以代替文字，並指涉特定的語言意義。這些象徵的動作常與文化背景有密切關係。例如，拇指和食指圓圈的手勢，法國人認為是「零」「一無所有」，日本人指的是「錢」，某些南歐國家看成是「性」的記號，美國人和臺灣人都認為是「OK」。翹起大拇指

的手勢，在美國被解讀成「好」、「肯定的」，但在中東，卻是一個有色情意味的手勢。拇指指放在食指和中指之間，在德國、荷蘭和丹麥意味想要性交，但在葡萄牙和巴西希望好運氣或好的庇護的意思（陳彥豪，1999）。

2. 解說（illustrators）

是指伴隨並且完整說明語言訊息。它一方面促進溝通活動的生動活潑，另一方面引起他人的注意，更重要的是可以澄清並強化語言內容。例如，課堂上，老師說明方形或圓形，很自然地用手勢做出方形或圓形的樣子，以強化語言的涵義。當你告訴問路人的方向時，你就可以使用解說的方法，用手指引正確的方向。日常生活中，多多使用解說，可以幫助我們記憶。根據研究，平時運用姿勢解說語言的人，要比不使用姿勢解說的人，至少增加百分之二十的記憶（Goldin-Meadow et al., 2001）。

3. 情感表達（affect display）

是指主要經由面部動作顯示情緒的狀態（Devito, 2007）。早在1872年，達爾文的《人類與動物感情之表達》一書中，就指出人類主要靠非語言方式傳達情緒。例如，一個人垂頭喪氣，雙肩下落，顯示出此人的失意或消沉。學者的研究也證實，人們可以從一個人的外觀舉止，去判斷其內心情緒的起伏變化（Knapp, 1990）。不過藉由身體姿態表達情感，最重要的還是經由面部表情顯現。例如，一個人的快樂、沮喪、生氣，面部表情都能無所遁形的呈現出來。

4. 管制（regulators）

是指監督、維持或控制他人的說話。當我們參與生活中的交談，並不只是被動的聽，反而採用許多方式如點頭、抿嘴、調整目光，甚至發出「嗯」、「好」等所謂副語言聲調，嘗試去主導交談。當我們急於想對某一訊息做出反應，很可能利用目光接觸，眉頭揚起、張開嘴巴、深深吸氣、以及身體微微向前傾斜等肢體動作

傳達控制的意圖（Beebe, 2001）。一位善於演說的人，必然能夠靈活運用非語言的管制作為，吸引聽眾。羅馬時期，安東尼面對元老院的反對聲浪，說服他們要以尊榮厚葬凱薩，就是一個很明顯的例子。

5. **調適**（adaptors）

是指滿足個人需求並對環境立即變化的一種調適。這類非語言行為常常是在我們無意識的情形下發生（Devito, 2007）。研究非語言行為的專家根據調適的重心方向和目標，將其區分為三種：自我調適、改變調適和物體調適（Burgoon, et al., 1995）。

(1)自我調適（self-adaptors）：通常是為了滿足身體的需求，使當事人較為舒適自在。例如，抓頭減輕搔癢，撥動滑落在眼前的長髮，因為嘴唇乾燥而去舔濕。這些動作在公開場合不像私底下而較為文雅。

(2)改變調適（alter-adaptors）：是指回應當下人際互動的一些身體動作。例如，當有人似乎不懷好意接近你喜歡的人時，你會即刻雙臂交叉以示防衛。

(3)物體調適（object-adaptors）：是指個人對於某些物品的支配動作。例如，撥動原子筆發出滴答聲，用嘴咬鉛筆頭，這些動作通常被視為負面感覺的記號。當你感覺敵意而非有善時，物體調適就容易發生。這也就是告訴我們，面對不安和憂慮時，物體調適發生的機率相對增加（Burgoon et al., 1995）。

(二)身體外貌

我們的身體本身無須動作就已經在進行溝通的工作，例如，他人可能從你的整體身體外觀獲得一般印象。你的身高、體重、膚色、眼睛以及頭髮顏色等外貌，都是他人判斷你的社經地位高低，是否吸引人，以及是否適合當朋友或親密夥伴的基本因素

（Sheppard & Strathman, 1989）。

以身高為例，身材高的美國總統候選人，比身材矮的總統候選人，當選的機率要高。求職面談時，身材高挑的人比身材矮小的人，獲得較好的薪資，也較易討好主管。研究更指出，個子高的人比個子矮的人，具有較高的自尊和較多的事業成功機會（Judge & Cable, 2004）。

此外，整體的吸引力也是身體溝通的一部分。具有吸引力的人幾乎在所有的活動中都受人青睞。在學校，會得到好成績；在社交場合，容易被人當作朋友或情人；在職場上，人人都願意與她共事（Burgoon, et al., 1995）。更有趣的事是，有吸引力的人能夠跨越文化的鴻溝，一樣受到大家的愛戴（Brody, 1994）。早逝的國際巨星麥克傑克森便是明顯的例子。

■ 二、面部溝通（facial communication）

人類的面部表情可以傳遞內心的情緒，至少有以下十種：快樂、悲傷、驚訝、恐懼、生氣、鄙視、憎惡、興趣、迷惑與決心（Ekman et al., 1972; Leathers, 1997）在我們的生活中，運用臉部的肌肉來表達內心的情緒和反應，準確性究竟如何？根據Ekman等人（1972）的研究發現，快樂是55%-100%，驚訝是38%-86%，悲傷則是19%-88%。另有研究指出，女人和女孩比男人和男孩，對面部表情的判斷要較為正確（Hall, 1984; Argyle, 1988）。

在人際互動中，微笑是一帖增進關係的活化劑。許多實證研究都告訴我們，面帶微笑的人，比面無表情或假笑的人，較受歡迎和親近（Gladstone & parker, 2002; Kluger, 2005）。不過，我們也要提高警覺，因為許多人能夠控制面部表情，甚至誤導他人的判斷；從事人際交往時，必須察言觀色，避免受制於表象的虛假，無法真實

瞭解對方的意圖。

　　為了要增進我們能夠適切的表達內心情緒，以因應變遷的社會情境，有必要瞭解下列四項面部管理（facial management）的技巧：

(一)強化（intensity）。朋友邀您參加宴會，為了要使朋友高興，你誇大驚喜的程度。

(二)弱化（disintensity）。面對朋友並未升級，你有意將本身升級的喜悅隱藏。

(三)中立（neuturalize）。不願將自己的悲傷遭遇表露，避免有人受到感染。

(四)偽裝（mask）。將未如預期獲得的禮物的難過，轉化為快樂的表情。

　　值得注意的是，上述面部管理技巧，主要是幫助我們在社會接納的方式下，表露內心情緒。例如，在一項競賽中，你贏得第一，而好友名落孫山。此時你必須降低勝選的快樂，並避免任何幸災樂禍的表情。若你不遵守上述規則，你將可能被她人指責是不夠機敏貼心的人。

　　此外，我們的面部表情將影響心理刺激，學理上稱之為「面部回饋假設」（facial feedback hypothesis）。只要我們看見他人的面部表情，不論是快樂或悲傷，都會受到影響。不僅如此，如果我們感覺到這些情緒並表達出來，會比那些只有感覺的人，更容易產生情緒的激動（Hess et al., 1992）。

三、眼睛溝通（eye communication）

　　眼睛是人類靈魂之窗，他所傳遞的訊息，由於眼部動作的持續時間，方向以及程度而有不同的意義。眼神接觸的長短也有不同的意義。以美國和英國為例，平均個人注視時間是2.95秒，雙方注視

時間是1.18秒。如果眼神接觸時間低於1.18秒，這個人接被視為害羞、無趣、或心不在焉。反之，若超過則表示有高度好感（Argyle, 1988）。在人際互動中，聽話者注視說話者的時間大約占全部談話時間的62%-75%，反之說話者注視聽話者的時間則是38%-41%（Knapp & Hall, 2002）。如何維持並發展出一個良好的互動結果，上述的研究值得參考。

眼神接觸的程度常常因為文化背景差異而有很大的不同。大部分的美國人把直接看著眼睛，當成是誠實和坦率的表現。但是日本人卻認為，眼神的接觸是不尊敬的行為，他們很少用目光看著對方的臉（Axtell, 1994）。許多西班牙裔的文化中，直接目光接觸是有特別的意義，所以孩童與有地位的人說話，必須避免目光直接接觸（Devito, 2007）。中國人和印度人不約而同都認為，將視線放在較低處，是敬意的表達。相反的，阿拉伯人在交談時，目光必須一直保持接觸，以表示感興趣（鄭佩芬，2000）。

眼神的溝通也可以傳達人際交談時雙方的關係。在美國，如果你喜歡某人，就應該增加目光接觸。因此，交談時若有超過60%的時間注視對方，就表示雙方都有好感。甚至還有研究指出，無論是男女同性戀者都能夠運用目光接觸去辨識性向偏好（Nicholas, 2004）。目光接觸也經常傳達攻擊的意思。許多年輕人聚集的場合，陌生人稍為長時間的注視，便被解讀為不懷好意的攻擊，而且還常會導引肢體衝突。

社會學家高夫曼在《互動儀式》一書中，指出眼睛是最強有力的入侵者。也就是說，當你迴避目光接觸或轉移目光，就表示你讓對方想有充分隱私。例如，你可能在路上或捷運車中看見夫妻吵架，你隨即轉移目光，這就是所謂「市民漠視」（Civil attention）（Goffman, 1967）。

此外，瞳孔大小會透過我們內心情緒的起伏。瞳孔變大時表示

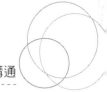

你對某些是感到興趣或是心情激動。有人拿出不同的裸體的照片給同性戀和異性戀的人觀看。同性戀者看見與自己同樣性別的照片，瞳孔增大；而異性戀者則看見與自己不同性別的裸照，瞳孔才會增大。另有實驗發現，男人被要求觀看不同瞳孔大小的女人照片，然後評斷照片中女主角的人格特質。凡是瞳孔大的女人，被認爲具備溫柔婉約的女性特質；那些瞳孔小的女人，則被評爲冷酷、無情、自私。男人這些對瞳孔的反應是一種不加掩飾的直覺，甚至連精神遲滯的人也會有同樣的感官反應（Chaney et al., 1989）。

四、撫觸溝通（touch communication）

撫觸可能是人體五種感覺器官中最早發展的一種溝通形式。它大體上包括五種意義：第一、正面的情緒。通常在親密友人或較接近的朋友間，才會經撫觸表達正面的情緒。這些正面的情緒有：支持、感激、獨占、性趣等。撫觸也增強自我坦露（self-disclosure）的作用。第二、趣味性。當撫觸傳達此一意義時，它強調的是輕鬆看待人際互動。第三、控制性。它是指對他人行爲、態度、和感覺的控制，藉以傳遞不同的訊息。例如，當要求他人順從時，我們會以觸撫的方式告訴對方「站在這裡不要動」、「動作快一點」。習慣上，我們也常透過撫觸傳達社經地位和支配力量，例如，在人際互動中，社經地位高和有支配權力的人，會先採取撫觸作爲。相反的，若有社經地位低的人主動去碰觸社經地位高的人，就會被認爲違反禮俗。第四、儀式性。我們通常以握手表示問候或道別，就是一個很明顯的例子。第五、目標取向。它是指撫觸的完成與某些特定功能有關。例如，幫助他人下車，輕撫額頭瞭解是否發燒等。

日常生活中，我們不但希望藉由撫觸他人傳達情意，也願意接受他人的肢體親近。不僅如此，在某些情況下與面對某些特定的

人，我們也會有一種心理傾向，不想與他人有撫觸的溝通。這就叫做「撫觸迴避」（touch avoidance）。例如，對口頭溝通心生畏懼的人，在撫觸迴避的排行名單中名列前茅。事實上，研究指出，撫觸迴避和溝通焦慮有非常密切的關係（Devito, 2007）。

此外，老年人比年輕人不願意與異性他人觸碰。男性比女性較為排斥與同性他人有肢體的接近，而在與異性交往時，女性比男性有較高的撫觸迴避。前文曾經提及「自我袒露」，凡是心存撫觸迴避的人，多半是屬於不願意自我坦露的人。

■ 五、副語言與沉默（paralanguage and silence）

在例行的談話中，副語言（paralanguage）是指和我們聽到的聲音有關，它重視的是事物如何被說出來，而不是說話的內容與文字。有機會閱讀某項談話的紀錄，你可能會從精神層面去想像文字所無法表述的語調、音質、聲調、音量、時間的掌握等。副語言的重要性可以從1974年水門案得到證明。當時的美國總統尼克森接受調查時，拒絕交出他的談話錄音帶，只願意提供談話紀錄。眾院司法委員會認為光是紀錄不夠完整，因為涉案人的談話聲音特質與音調無法得知，因而談話紀錄的真實性很難決定（Miller, 1988）。

副語言涵蓋：(一)聲音的本質。也就是聲音的特色，譬如音調、聲調和語調。(二)發聲的運用。指說話時所發生的一些特別聲音，比方呻吟、哭泣、假笑、哈欠。(三)頓語。也就是聲音的暫停和補白，例如：嗯、呃、這個、那個。

上述三個聲音的特徵，都會影響口語溝通的意義交換。以下僅以說話的速度（及音頻）為例，略加闡釋。根據研究，說話的速度和「說服」有密切的關係。在單向溝通（一人說，另一人聽）的情況下，說話速度比正常快的人較說話速度慢的人，較具說服力。難

怪政治人物、演藝人員或任何想要透過口語，單向面對群眾時，通常都會以大聲、音調高而且速度快的方式說話。而一般民眾進行交談時，說話速度快（正常的音頻是每分鐘130-150字）的人比速度慢的人，被認為較具智慧與客觀（Buller, Lepoive, Aune & Eloy, 1992）。

　　副語言作用當中，常被大家忽略的是「沉默」。聲音創造意義，無聲也一樣創造意義。沉默的一個作用，就是創造人際間的距離。當我們不想接納對方的存在時，最容易而簡單的方法，就是不跟對方說話，使其知難而退。住在美國中西部的「愛美許人」（The Amish），懲罰族人違反重要的社會規範時，便是採用禁止說話（shunning）（Trenholm, 2001）。進行社交活動當中，你自鳴得意的高談黃色笑話，突然之間的沉默，已明顯的指出你的言談失禮，意味著你跟大家的距離已在擴大。

　　當然，沉默也並非一無是處。它可以讓說話者有時間思考，有時間組織新的文字與修辭，它更可以發揮在衝突與僵局之前的冷靜。男女之間無盡的愛也只有無言以對。沉默在海軍的字典中，還代表尊敬的意義。通常進入戰艦時，必須保持靜肅，以示對戰艦精神的敬仰。如果遇見某位崇高地位的人，我們也會沉默，來表示對尊長教誨的期望（Bruneau, 1973）。

六、空間與領域（space & territoriality）

　　人類學家Hall（1996）首先使用距離學（proxemics）的名詞，說明空間和人類如何使用空間的概念依據人與人談話的關係親疏，可分為四種不同的距離.第一，親密距離，約在18吋之內（約45公分），屬於最親密的肉體接觸或耳語交談。第二，個人距離，18吋至4呎之間（約45-120公分），能夠清楚看到對方，甚至可以手接觸到對方與一般的朋友或熟人的交談便是屬於這一類型。第三，社會

距離，4呎至12呎（120-360公分），適合於工作性質的交談，譬如主管與部屬之間的交談。第四，公眾距離，12呎至25呎以外（360公分以外），適用於公眾慶典、公開演講和課堂講課。

我們的溝通行為與人際距離有密切的關係，每一個對於與他人交談的距離標準不一，這種對於空間的偏好選擇，稱為「個人空間」（personal space）。如果有人向你接近，你會跟他保持一個舒適的距離；同樣的，若你想接近的人離你很遠，你也會主動朝他靠近，以發展雙方熟絡的關係。在舞會中，男女雙方的遠近距離，最能夠呈現個人空間的意義。

空間安排對溝通影響也可由以下事例說明。例如，上課選擇坐位，以推測學生與老師的互動關係，與發問的頻率。研討會的討論，鄰近主持的人比較不會被指定發言。此外，座位安排也會產生不同的交談作用（Trenholm, 2001）。詳如下圖。

A	B	C	D
鼓勵友善交談	寧可獨立工作	合作關係	競爭關係

人類和鳥類與其他哺乳動物一樣，必須和他人保持一定的距離，擁有並保衛個人的領域。人們覺得最安全的地方，就是生活在最熟悉的環境中。學者Lyman & Scott（1967）將領域細分為公眾領域（public territories）、家庭領域（home territories）、互動領域（interaction territories）和身體領域（body territories）。

公眾領域是指我們與人分享的空間，包括公園、購物中心、海灘。一旦要使用公眾領域，我們必須要嚴守相關的社會規範，例如，你可以在公園散步但不能破壞公物，你也可以在海灘玩飛盤，但不能裸體日光浴。

家庭領域的範圍是由私人擁有並支配。我們有較大自由作想做的事。你可能把教室中某張椅子視為家庭領域的擴張。你也可能將餐廳內的某張桌子當成家庭領域，一旦有人占用，便引發爭吵。

互動領域不像公眾與家庭領域由牆、圍籬和門加以區隔，它是社會規範下的範疇。聚會時成群結隊的交談便是典型的互動領域。

身體領域是所有領域中最具私密性。從小我們就被灌輸，身體哪些部分是可以接觸與不可碰觸。衣服應遮蓋身體哪些部位，如何打扮自己才適當。

由此可知，領域對我們來說，非常重要。我們設置各類障礙物防止外人入侵，甚至我們為了維護自己的領域，犧牲性命在所不惜。有些領域是由鐵絲網、邊境衛兵加以界定，很容易辨識，但是否違背社會規範的尺度卻很難拿捏。如何加強非語言記號的訓練，以提升生活品質，值得我們多加注意。

七、人工物品溝通（artifactual commanication）

人工物品泛指由人類手工製作的物品所傳遞的訊息（Devito, 2007）。包括顏色、衣著、珠寶、髮型以及香水。其中比較引人興趣和討論的是顏色和衣著。

顏色對我們生活上的影響可從兩個層面來觀察。第一是心理層面。看見紅燈，我們呼吸加速，眼睛眨動次數增加；看見藍燈則減速，同時眨眼的次數也降低。當學校把牆壁由原來的橘色與白色，改為藍色，學生的血壓會下降，而整體的學業表現提昇。其實這跟我們的直覺有關，因為藍色代表和緩（Devito, 2007）。第二是知覺和行為層面（Kanner, 1989）。人們購買何種產品，主要是受制於包裝的顏色。有一個研究指出，同樣品牌的咖啡，從黃色罐子取出，被認為是淡而無味，深咖啡的罐子取出，則是味道太強烈，紅色罐

子是濃郁，藍色罐子代表溫順。甚至，我們是否接納某人，可能必須要看他服裝的顏色。律師如果穿藍色外袍，這場官司必然失敗，因為黑色代表權威，綠色還會造成負面的反應。

衣著提供許多功能，例如禦寒，防止傷害（運動員服裝），透過裝扮自己來展現個人身材或某些特定訊息；在職場上，服裝可以表達身分地位，還可代表專業素養（許多公司設計制服）。它更可凸顯文化特徵。在一個多元化的社會中，你不難發現具有特殊文化象徵的服裝。穿著的方式也會影響他人的看法。窮人與富豪的衣著大為不同，白領階層與藍領階層，老人與年輕人都不約而同表達彼此之間的穿著差異。

在許多研究中都指出，穿著傳統或是整潔的人，經常被認為比較老實，而較能引起他人的幫助或合作（鄭佩芬，2000）。在校園中，大學生認為，穿著隨意的老師比較親切、公正、熱心和有彈性。反之，穿著正式的老師被看成有準備，有知識，有組織（Malando et al., 1989）。

八、時間的溝通（temporal communication）

時間的溝通指的是我們如何理解及使用時間。因為我們在進行溝通活動，會參考這些活動發生的時間及其影響。因此，如何理解時間和對時間行為的反應，是非語言溝通的重要部分。

對於時間的理解與反應，可以從三個角度去探討：心理導向、生理導向和文化導向（Trenholm, 2001; Devito, 2007）。所謂心理導向的時間（psychological time orientation），是指我們習慣性的看待與體驗時間。喜歡讓過去的事盤據心頭，不斷重複往日的點點滴滴，這叫「過去導向」。全新計畫未來，預擬該走的路，稱為「未來導向」。著眼於當下生活的準確與應對，是「現在導向」。不論

採取哪一種對時間的生活態度，重要的是認真思考我們的觀點，所採取的時間導向，有益於我們的人際互動與關係發展嗎？是否會帶給我們困擾？

生理導向（biological time orientation）是指我們像其他動物一樣，天生就受到生理時鐘掌握日常生活的節拍。例如，進入不同時區，常需要一段時間調整個人的生理時鐘；習慣正常上班的人，換成夜班便很難適應。有些人對於季節的變化非常敏感，無法適應晝長夜短的日子。俗稱「季節情緒失調」（seasonal affective disordor）。因此，我們應該體會精神的警覺和情緒的穩定，受到生理時間的影響頗大。

活在地球村裡的人們，由於文化背景不一，對於時間的價值和使用也大不相同，這就是所謂的文化時間導向（cultural time orientation）。非洲的祖魯族土著，不知道自己的年齡，因為他們的時間觀念，就是日出而作，日落而息；日復一日，年復一年，直到死亡。美國北達科達州的「印地安蘇族」，他們表意的語言中沒有「遲到」和「等待」的字眼（Hall, 1959）。由此可見，如果缺乏對文化時間的瞭解，衝突容易產生，人與人間的交流也就十分困難。

（第五節）如何改善非語言溝通能力

如果我們有意要增強與他人的互動，發展出成熟健康的人際關係，可以嘗試對以下非語言溝通能力的重視與反省。

一、注意非語言的提示（cues）

我們使用非語言提示，表達內心的情緒和想法，同時在與他人訊息互動的過程中，也學習他人如何回應，並藉此交換意義，瞭解周

遭人群與社會。

二、對於不確定的非語言訊息，必須開口詢問

某一文化滋生的非語言訊息，可能無法順利傳達給另一文化的其他人。避免誤會產生，一方面要提高警覺注意非語言溝通的文化差異性，更重要的是有疑問，一定要提出來。解惑的最佳方法，不是隱藏，而是將他公開並尋找答案。

認識不一致訊息背後的非語言溝通意義：當語言與面部表情、身體姿態、聲音指示等非語言行為，出現不一致的現象時，確實認識非語言訊息的真實意義，而不是表面上的口語表達。

三、注意非語言行為和人際關係的密切配合

以空間和領域為例，我們要時刻提醒自己，所欲傳達的非語言訊息必須和對方的關係吻合。例如初交的人，就不應該同意「親密距離」的出現。

四、監控自己的非語言行為

非語言行為會影響我們的信賴度。有效的溝通者運用非語言行為強化個人的信賴程度、歡迎度和注意力，並建立人際互動的主導地位。例如，你的朋友告訴你，在談話中你表現出無趣或消沉，你就應該隨時注意自己的非語言行為，俾塑建良好形象，增進正面關係的發展。

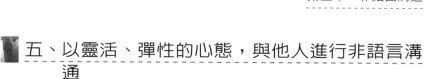

五、以靈活、彈性的心態，與他人進行非語言溝通

非語言溝通具備的特質之一，就是複雜性與模糊性。雖然許多研究證實非語言溝通的內涵，以及其與社會環境、文化因素等的關聯性，但我們不敢輕易的對在某種情境下所發生的特定行爲，作一普遍性的界說，例如，關係良好的夫妻比關係失和的夫妻，比較樂於一塊坐。但是，我們也發現，恩愛夫妻希望彼此各有獨立空間，不願比鄰而坐；甚至，夫妻不坐在一起；只是因爲其中一人感冒，和是否恩愛之間沒有任何關聯。這說明，我們學習非語言溝通，必須以開放的心胸，彈性的態度，才能掌握非語言溝通的眞諦。

第六節　小　結

本章簡要回顧了非語言溝通的重要發展與主要內涵，對於非語言溝通有興趣的讀者，可以參考Knapp與Hall（1992）的專著，本書很詳盡而完整的介紹非語言溝通的基本概念與相關議題；如果想要瞭解不同文化背景的人見面時，身體姿勢溝通的重要性及其影響，可以參考Axtell（1991）的專著，這是一本實用的生活指南，告訴大家哪些是正確的行爲，哪些是禁忌；如果對於身體的撫觸此一主題感到好奇，可以參考Jones（1994）的專著，此書有深刻的觀察與見解；如果想要從非語言溝通的角度瞭解謊言以及測謊的相關資訊，可以仔細閱讀Ekman（1992）的專著，本書以生動的筆觸、宏觀的角度對此詳加說明。

問題與討論

1. 非語言溝通有哪些特質？在日常生活中有哪些地方與這些特質不謀而合？

2. 說明人際距離有哪四種？並請舉例陳述你個人的親身經驗。

3. 參觀校內餐廳，敘述其座位、燈光、桌椅間距、室內裝潢的顏色，是否發現非語言溝通的模式和餐廳這些特徵有何關係？

4. 訪問校內的國際學生，從非語言管道的角度，進一步瞭解不同文化間的差異有哪些？

5. 什麼是時間學（chronemics）？心理、生理和文化時間導向有何差異？時間導向和非語言溝通有何關係？

進　階　閱　讀

Axtell, R. E. (1991). Gestures: *The do's and taboos of body language around the world*. New York: Wiley.

Jones, S. E. (1994). *The right touch*. Cresskill, N.Y.: Hampton Press.

Ekman, Paul (1992). *Telling lies*. New York：Norton.

Knapp, M. L. & Hall, J. A. (1992). *Nonverbal communication in human communication*. (3rd. ed.). Orlando, F. L.: Harcourt Brace Jovanovich.

參 考 書 目

一、中文部分

張秀蓉編（1999）。《口語傳播概論》。臺北：正中書局。

陳彥豪譯（1999）。《非語言傳播》。臺北：五南圖書。

趙雅麗（2004）。〈臺灣口語傳播學門發展綜論〉，翁秀琪主編，《臺灣傳播學想像》上冊。臺北：巨流圖書。

鄭佩芬（2000）。《人際關係與溝通技巧》。臺北：揚智公司。

二、英文部分

Argyle, M. (1988). *Body communication*. New York: Methuen and Company.

Axtell, R. E. (1994). *Do's and taboos around the world*, (3rd ed.). New York: Wiley.

Buller, D. B, LePoire, B. A., Aune, R. K. and Eloy, S. (1992). Social perceptions as mediators of the effect of speech rate similarity on compliance. *Human Communication Research*, 19: 286-311.

Burgoon, J. K. and Ruffner, M. (1978). *Human communication: A revision of approaching speech communication*. New York: Holt, Rinehart and Winston.

Burgoon, J. K., Buller, D. B., & Woodall, W. G. (1995). *Nonverbal Communication: The unspoken dialogue* (2nd ed.). New York: McGraw-Hill.

Brody, J. F. (1994). Notions of beauty transcend culture, new study suggests. *New York Times* (March 21), A14.

Burgoon, J. K., & Hoobler, G. D. (2002). Nonverbal signals. In Knapp, M. & Daly, J. A. (eds.), *Handbook of Interpersonal Communication* (3rd ed) (pp:

240-299). Thousand Oaks, CA: Sage.

Chaney, R. H., Givens, C. A., Aoki, M. F. & Gombiner, M. L. (1989). Papillary responses in recognizing awareness in persons with profound mental retardation. *Perceptual and Motor Skills*, 69: 523-528.

Darwin, C. (1965). *Expression of Emotions in Man and Animals*. London: Appleton; reprinted University of Chicago Press.

Devito, Joseph. A. (2007). *The Interpersonal Communication Book*. New York: Dearson.

Druneau, Thonas (1973). Communicative silences: forms and functions. *Journal of Communication*, 23: 17-46.

Ekman, Paul and Friesen, Wallace (1975). *Unmasking the Face: A guide to recognizing emotions from facial expressions*. Englewood Cliffs, NJ: Prentice-Hall.

EKman, Paul (1992). *Telling lies: Clues to deceit in the marketplace, politics, and marriage*. New York: Norton.

Fast, J. (1970). *Body Language*. New York: M. Evans.

Gladstone, G. L. & parker, G. B. (2002). When you're smiling, does the whole world smile with you? *Australasian psychiatry*, 10 (June): 144-146.

Goldin-Meadoco, So, Nusbaum, Ho, Kelly, S. D., & Wagner, S. (2001). Gesture-psychological aspects. *Psychological Science*, 12: 516-522.

Goffman, E. (1967). *Interaction ritual: Essays on face-to-face behavior*. New York: Pentheon.

Hall, E. T. (1959). *The silent language*. Garden City, N Y: Doubleday.

Hess, U., Kappas, A., Mehugo, G., Lanzetta, J. T. (1992). The facilities effect of facial expression on the self-generation of emotion. *International Gournal of Psychophysiology*, 12: 251-265.

Judge, T. A. & Cable, D. M. (2004). The effect of physical-height on workplace success and income. *Journal of Applied psychology*, 89: 428-441.

Kluger, J. (2005). The funny thing about laughter. *Time* (Jan. 17), A25-A29.

Knapp, M. L. & Hall, J. (2002). Nonverbal behavior in human interaction, Psychophysiology, 12: 251-265.

Knoop, M. (1990). Nonverbal communication: Basic perspectives. In John Stewart, (ed.). *Bridge not walls: A book about interpersonal communication*, (5th ed.). New York: Prentice-Hall.

Kanner, B. (1989). Color Schemes. *New York Magazine* (April 3), 22-23.

Leathers, Dale (1997). *Successful Nonverbal Communication*. New York: Macmillan.

Lyman, S. M. & Scott, M. B. (1967). Territoriality: A neglected sociological dimension. *Social Problems*, 15(2): 236-249.

Malandro, L. B., Barker, L. L. & Barker, D. A. (1989). *Nonverbal Communication*, (2nd ed.). New York: Random House.

Mead, George H.(1934). *Mind, self and society*. Chicago: University of Chicago press.

Miller, Patrick W. (1988). *Nonverbal Comunication* (3rd. ed.).Washington D. C.: National Education Society, 14.

Nicholas, C. L. (2004). Gaydar: Eye-gaze as identity recognition among gay men and lesbians. *Sexuality and Culture: An Interdisciplinary Quarterly*, 8 (winter), 60-86.

Poter, R. E. and Samovar, L. A. (1987). An Introduction to intercultural communication. In *Intercultural communication: A Reader*. (8th ed.), Belmont, CA: Wadsworth.

Sheppard, J. A., & Strathman, A. J. (1989). Attractiveness and height: The role of stature in dating preferences, frequency of dating, and perceptions of attractiveness. *Personality and Social psychology*, 15: 617-627.

Weaver, Richard L. (1987). *Understand Interpersonal Communication*. Glenview, Illinois: Scott, Foresman and Company.

第四章
形象溝通

鈕則勳

摘要

　　本章節主要將形象溝通理論之論點及重要內容作一整理檢視，其中先陳述形象的定義與特質，讓讀者對形象有個初步之認識，進而說明形象塑造之意義與重要性。而後便進入個人形象塑造部分之討論，包括說明個人為何要進行形象塑造、形象塑造之溝通策略有哪些，其中亦會討論到修補形象的過程中，每個人會透過哪些溝通之策略，透過個人形象塑造溝通策略內容之討論，可讓讀者深刻地瞭解及建構屬於自己獨一無二、甚至無可取代之好形象，增加自己的人氣。

　　最後一部分則置焦於個人形象塑造之評估方法，亦即建構出的個人形象若是沒達到既定的效果時，可能需要進行溝通策略的微調，到底應該用何種相關之評估方法，在本文中都會進行深入之說明；其中不僅將文獻之研究作重點之歸納，同時亦著重形象塑造溝通策略之實用性，讓讀者能從重點整理中清楚而快速地掌握形象溝通之邏輯與策略。

第一節　形象與形象塑造

一、形象的意義及特質

近幾年來，形象變成了一個熱門的名詞，美國攻打伊拉克會找一個合理的理由，就是因為它要顧及美國這個大國的形象；中國大陸為了2008年奧運，故現今不斷地強化硬體及軟體設備，為的也是中國的面子，也就是形象。以中華民國來說，每年也會花相當金額之經費在國外打廣告，期望將國內的政治經濟成就讓各國週知，為的也是國家的形象；政府相關單位為何會注重媒體或坊間施政滿意度的評比，因為他們也期望藉此數據建立或強化機構之形象。國家要形象、政府機構也要形象，甚至到企業、個人，都愈來愈重視形象塑造，形象塑造已經漸漸成為媒體時代的顯學。

什麼是「形象」？形象是個抽象名詞，看不見、摸不著，是一種難以捉摸的心理影像。American Heritage Dictionary對形象下的定義是「大眾對某人或某事所持的觀念」（The concept of someone or something that is held by the public），或是「某人或某事投射給大眾的風格品味」（The character projected by someone or something to the public）。所以它基本上是大眾對某人或事物的看法及觀念，是在互動的過程中有以別人之觀點設定的，而非自己設定的。而它也是我們對某一特定目標，如個人、團體、種族、國家等內涵、成就、外貌與言行活動觀感總評的綜合印象，所形成主觀反應的一種總體表現。

彭懷恩（2002）在其《政治傳播與溝通》一書論及到最早使用「形象」一詞的是美國經濟學者Kenneth Boulding在1956年所出版的《形象》（*The Image: Knowledge in Life and Society*）一書中所

賦予的定義開始，他將形象說明為人類對於外在事務的主觀知識，也就是人在成長之過程中，不斷透過感官知覺的接受外界所給予的訊息，因此對外在世界的一切事物，均保持某程度的認識與認知，而此種認知或認識將隨著新訊息的傳入，而產生或多或少的一些改變，而這種認識與認知便是形象。而Kenneth L. Hacker於1995年主編的《總統選舉中的候選人形象》（*Cadidate Images in Presidential Elections*）一書中也有類似的說法；即他也指出了有關許多形象之定義都是源於Boulding將形象描述成一種主觀知識——人所相信的真實的論述。

　　Nimmo與Savage（1976）指出「就形象（image）這個字的定義來看，並沒有明顯的共識」，有人說它是「心理的建構」（a mental construct），也有許多人將它視為一組「可以被看見的產品、物體或是人之屬性」。基於此，此二人綜合了此些論述來將「候選人形象」界定成為選民主觀認知與候選人所投射之訊息此兩面向之互動關係；是以他們的形象定義是以上兩類定義之綜合，亦即形象是藉用事件或人物，投射出來能夠被人所認知的一種組合，而呈現出的一種概念。綜合來說，形象即是一種主觀的心智建構歷程，它會影響事件以何種角度被認知，而其同時也會受到投射主體之影響。他們也指出，形象是透過大眾傳播媒體加以選擇或者是重新排列組合後所形成的產物。而在Nimmo與Savage的書中，也提到了Boorstin（1962）對形象的論述，其指形象是閱聽人對任何外在之人事物，其外在形式之虛擬意象或重現，具有引起共鳴、產生信賴感、創造生動活潑、概化，及模糊與涵蓋之特質。

　　除此之外，Nimmo又提到1956年Boulding的說法，他認為形象是人們對客觀世界主觀再現的結果，而他也認為傳播訊息中的資訊，是塑造形象之主要因素；每當訊息接觸到個人時，原本的形象可能又會產生某程度的改變。是以形象的形成是一連串形象訊息交

換的過程，而基本形象的構成即是系統地將外界資訊過濾而得。然而Lippmann（1922）認為閱聽人接收或處理外界的新資訊及事實真相時，常會受到許多限制，因此閱聽人會比照由媒體資訊所型塑的圖像（picture），並參照於自我的興趣和傾向，圖像因而在閱聽人的腦海中形成，此即其在《民意》（*Public Opinion*）中闡述形象理論最具精髓的一句話，就是「我們腦海中的圖像」（The picture in our heads）；而此種圖像之形成，他稱之為「塑形作用」（stereotype）。李普曼也認為這些圖像之塑形，是影響閱聽人對他人或外在事物圖像之重要因素之一；他也認為媒體之訊息能影響人類腦海中世界的圖像，閱聽人在處理或吸收新資訊時，大多會參考媒體訊息所建構之形象。國內學者方蘭生（1999）則認為「形象」是對某個目標或事物的內涵、外貌、言行活動三方面綜合起來所給予的反應，可能是理性，也可能是感性的感受，一種評價的綜合印象。

至於形象到底有何特質？孔誠志、李宜錦等（1998）則於《形象公關》一書中提到，形象有以下六點特質：(一)形象是活的、延續的：形象並非一成不變，隨著企業的成長發展，在既有的形象基礎上，會不斷的延伸發展與累積。(二)形象是可塑造的、可管理的：良好的形象是靠長久努力得來的，是在既有的企業事實上，透過管理的手法，把相關訊息公諸於世，使社會大眾對企業整體形象有正面的觀點。(三)形象是可分類的、可比較的：對於形象的描述，可以找到很多兩兩相對的形容詞，例如大企業或小企業、有效率的或沒效率的等等。(四)形象是相對的，不是絕對的：同產業的企業在消費者心目中的形象是相對的，形象位階越高的企業，對於企業本身、產品或定價上，具有較強的競爭優勢。(五)形象是會起落的：形象不是一成形就不會變更的，在改變形象時，需要投注相當的心力與時間，並配合環境的脈動與變遷，來經營管理形象，經

過時間的累積效果，達到形象改變的目的。(六)形象是點滴累積而成的。

　　若綜合相關學者對組織或企業形象討論之文獻來看，也可約略發現形象具有下列六項屬性（Spector（1961）；Walters（1974）；陳士斌（1985）；袁怡文（1990）；江惠君（1993））：(一)主觀性：形象乃社會大眾依據其從相關組織活動中所獲致的訊息、符號等加以轉換成個人的內在心理反應，因此些資訊可能並不完全或真實，故人心目中所產生的組織形象與真實形象之間會有差距。(二)累積性：組織形象的形成並非一蹴可幾，而是累積而來。(三)整合性：企業及組織形象是個人觀念、判斷、偏好及態度的綜合體。(四)擴大性：人們會以其對組織或企業已知的形象，來推論其他不知道的事物。(五)互動性：人們對於組織或企業的觀感，經常受到周圍朋友、親屬以及參考群體等的影響。(六)簡化性：形象在社會大眾心目中經常會被過分簡化，人們很難將所有經歷過的事物完全加以整合、分析，因此組織形象是經由篩選與過濾後的訊息所組合而成的結果。

■二、形象塑造

　　形象既然是現今社會都重視的，所以從個人開始，到企業、機構、政府，甚至是政黨、候選人及其他公眾人物（Public Figure），都付出許多的心力於形象的塑造上；而其間似乎又存在著相互連結的關係。而一般組織從事組織形象塑造主要會有幾個目標：(一)塑造組織形象：為沒有組織形象或形象不鮮明的組織塑造形象，是從無到有的工作。(二)提升組織形象：讓組織形象從「不好」到「好」，是在既有的基礎上進行加分。(三)改變組織形象：原本既定之形象可能由於時代觀念改變或組織內部產生質變而產生策略上

之變化，以求因應相關環境或需求。以個人來說，亦和組織形象塑造相似，開始塑造個人形象、進而想提升自己的形象使更多人認可，若是形象有爭議，議會面臨改變形象的問題。

Nelson（1962）在其有關形象形成或塑造的著作中對形象形成的因素歸納為以下兩者：(一)外在因素（external factors）：包括社會的影響、群體壓力、參考群的參與及社會組織的集中程度等等。(二)內在因素（internal factors）：本項包含觀察者本身的興趣、組織地位、心理及生理狀態、動機、態度、判斷以及對群體、個人之間的感情。

倘以前面形象塑造之影響因素綜合來看，環境或民眾（或前面所稱的觀察者）心理所建構的客觀條件，機構或個人的本身優劣勢這些主觀條件，皆是形象塑造前必須的考量。除此之外，不論是企業、組織、機構或是政黨、候選人，其在塑造形象之前，還要考慮所欲達成的目標為何，更必須對要塑造何種形象作出考慮，接下來才能有相關策略及做法。

客觀條件部分，民眾心理及其需求是一個應注意的因素。基於此，企業、組織、機構在型塑自己形象的時候就可能會考慮民眾之需求，進而加以去回應他們；如麥當勞耳熟能詳的標語「麥當勞都是為你」、聯邦快遞（Fedex）的「使命必達」、全家便利商店的「全家就是你家」，很明顯的就都屬於這種迎合民眾或消費者需求策略的使用。

其次，以另一面向來看，政黨、候選人，甚至是個人也可順著民眾的心理反應來建構形象，如一般民眾較同情弱者、被不公平對待者及被惡意打壓者，他們同樣支持改革者，也會崇拜英雄人物；如民進黨美麗島世代的政治人物出獄後，多選上立委或躍上政治舞臺，很明顯的就屬此種效應。

接下來則要考量較容易被社會所接納的角色為何。一般而言，

企業、機構、政黨、候選人及個人會朝著社會價值所肯定的範圍去做配合，因為有能力的機構、專業的政黨、清廉的候選人這些概念或認知，是長久以來被社會所廣泛認同的。倘以個人來說，其更希望去型塑所謂努力打拼的形象、白手起家的形象、認真負責的形象、專業形象、樂善好施形象等，因為這些形象皆是傳統社會最為肯定的價值。

　　至於主觀條件，就是企業、機構、政黨、候選人及個人本身的條件，而要能夠型塑出鮮明的形象，通常都是針對其特徵或優勢來進行強化，進而凸顯它；如年齡、學歷、出身、經歷、職業及口才等皆是重要的主觀條件。以年齡來說，年長者往往可以凸顯出他的閱歷豐富，但保守或老態龍鍾，可能會變成另一面向的解讀。即使如此，個人在形象塑造之時，以其主觀條件去進行正面觀念的型塑，以求建立出的形象會幫自己加分；如學歷高者必會藉以凸顯專業有能力，年輕者通常會以改革的新世代自居，出身貧寒者總會多著墨於他堅苦卓絕的奮鬥歷程。

　　而領導人才便是主觀條件中非常重要的因素。不論是政府、企業或機構，都需要專業經理或是具領導力的人才，透過此些人才才能夠為自己的機構進行可能的加分，強化本身的能力，建構出所欲的形象；而領導力亦是個人在型塑形象時一個及重要的條件。同時這些專業領袖人才則必須從人格特質的強化開始著手，以人格特質作出發，不僅是型塑一己形象之利器，也是建立機構形象之重要關鍵。

　　Luke（1998）就指出了優秀的公眾領袖應該具備之特質；包括魅力（charisma）、鼓動力（inspiration）、考量個別權益（individualized consideration）及知識激發（intellectual stimulation）四項。魅力建構在於領導者是否能對未來提出遠景規劃，獲致他人期盼及追隨者信任；鼓動力則是領導者應透過溝通，強化團結，共

同追求目標。考量個別權益指領導人必須多鼓勵部屬，同時關心其權益，才能建立互信之和諧關係，發揮專業能力；知識激發則植基在激發部屬之專業或創新等的能力上，同時會協助部屬或引導他解決問題。

Robert & King（1996）則聚焦在個人識別（personal identity）來對公眾領袖之個人特質提出相關元素；包括人格（personality）、價值觀（values）、動機（motivation）、知識（knowledge）與技巧（skills）。卜正珉（2000）也指出了公眾領袖之領導能力應具備下列幾個面向：(一)策略性思考及行動；(二)運用並發揮團隊力量；(三)以人格特質及優點領導眾人。

總括來說，主觀條件並非獨立存在，而是會和客觀條件相互影響同時需要配合的。好比說，2008年大選中的社會氣氛對於「貪腐政治」可謂深惡痛絕，而國民黨候選人馬英九在民間所較廣泛被認知的「清廉改革形象」適時地變成了解決貪腐政治的一帖良藥，使「政黨再輪替」一夕成真。基於此，機構、政黨及候選人絕對有必要去凸顯出自己之優勢，讓此優勢變成「獨特銷售主張」（Unique Selling Proposition; USP），即別人根本無法取代的特點，進而配合客觀環境的氣氛，勢必會和民眾的需求或心理產生交集。

第二節 形象塑造溝通的策略

一、個人形象塑造的意義與特質

方蘭生（1995）指出「個人識別系統」或「個人形象識別」（Personal Identity System；簡稱PIS），是一個人將其內涵、外貌及言行活動，明確規劃成一種統一性的概念，並作言行一致的具體

表現，使之成為一種有別於他人的識別特性風格；簡言之，則是將一個人的內外品質和特性，經由策略性的規劃後，再有系統及計畫地傳播給周遭大眾，以獲得社會群眾對其形象的認同與共識。他亦指出該系統是由「理念識別」（Mind Identity，簡稱MI）、「視覺識別」（Visual Identity，簡稱VI）、「行為識別」（Behavior Identity，簡稱BI）等三要素融合而成：(一)理念識別是指個人的性格、內涵、品德操守、人生價值觀及專業、學識等方面。(二)視覺識別則為一般表象的標誌，其中包括個人外在可見的五官、身材、髮型、衣著、色彩，及個人特殊附加用品，如眼鏡、錬錶、皮包、名片、飾物等。(三)行為識別係指個人的言行舉止、進退應對、處事態度、家庭狀況、生活方式及休閒嗜好等。

姚惠忠（2006）指出一般有利於溝通的個人定位有幾種方法；包括(一)成為某方面的專家：專業是拓展人際關係最有效的觸媒，人們總希望與專家建立個人關係；(二)強調個人特質：個人特質常會是他人對我們這個人的一個總結觀感；(三)堅守價值：一個人堅持某些公眾認同的價值，也能成為個人的形象定位；(四)建立良好的聲望。

梁素君（2005）對如何建立個人良好形象，提出了內在的提升與外在的改變兩大面向。她指出個人在瞭解自己的需求及想建立的形象之後，必須先在內在提升方面作好準備；提升內在的方法包括自我學習、情緒管理、學習他人長處、培養更多人格特質及建立個人願景。以外在改變部分來看，將置焦於如何藉由外在表現來提升形象，包括外表的改變、談吐舉止、應對進退、態度及表達技巧與溝通。

鈕則勳（2009）指出個人像商品一樣，形象塑造時一定要先找出自己的獨特銷售主張，有自己的鮮明的風格，用行銷的4P理論，把自己當一個產品（product）來經營，接著建立自己的身價

85

（price），就是自己的核心價值；然後運用通路（place）建立起人脈，最後是促銷（promotion）自己，即宣傳自己的特質，用盡各種方式，努力把自己的長處和特點發揚光大，讓自己成爲無可取代的人。他也指出了找到自己的獨特銷售主張之方法，首先就是從興趣著手，其次是從特色、特質搶攻，除了可從純外表來判定外，也可從內在或其表現來凸顯。最後，亦可從專業切入；在職場中若能不斷充實自己的專業，隨時看相關專業書籍、注意相關報導、和相關專業人士討論、蒐集其他競爭對手資訊、鑽研服務個案資料、模擬客戶需求，你的專業亦將支持自己成爲該領域的第一品牌。

鈕則勳（2009）也認爲汲取別人的長處亦是形象溝通中的重要作爲；如別人做人處事的態度，是可以學習的，別人建立其特質的方法也可作爲參考，然而要注意的是不要「複製」別人的特質，因爲別人的特質就不一定合你用，硬要套到自己身上，有時可能適得其反。

二、形象管理之策略

Arkin與Shepperd（1990）則提出了「形象管理」的策略，以「形象管理」策略來說，有些目標是爲了取得別人的獎賞及贊同，即「取得獎賞型自我表達風格」（an acquisitive self-presentation style）；另一類則是以避免他人的負面觀感爲主要目標，是爲「保護型的自我表達風格」（a protective self-presentation style）。以前者來說，Jones與Pittman（1982）提出了「迎合」（ingratiation）、「威嚇」（intimidation）、「自我提升」（self-promotion）、「樹立典範」（exemplification）及「懇求」（supplication）策略。

迎合策略期望型塑一種可愛的形象，它最常會透過讚美（compliments）與贊同肯定（opinion conformity）此兩種方式來達

成。威嚇策略通常以建立危險或是權威的形象為目標，希望能以此使人產生恐懼而產生行為上之順從，如威脅就是常用的方式。自我提升則以塑造「有能力的」形象為目標，透過行為或光榮事蹟來證明能力，期望獲得他人尊敬。樹立典範是欲型塑「值得尊敬」的形象，期望能帶動公眾之效法行為。懇求策略是希望藉由此無助的（helpless）形象，透過懇請幫助或貶抑自我這些技巧，引發他人的同情心；但是兩位學者亦強調該策略是相關策略中之最後的選擇，因為對使用者的可信度及權力等會受到某程度之壓抑。

從「保護型的自我表達風格」來看，Scott與Lyman（1968）則提出了藉口（excuses）及「正當化」（justification）兩種方式；兩者亦指出了藉口的幾種方式，如「訴諸意外事件」（appeal to accident）——遲到的原因為塞車，「自然基因訴求」（appeal to biological drives）——男人通常考慮較不周延，「不適用訴求」（appeal to defeasibility）——不知道酒後開車犯法，「代罪羔羊」（scapegoating）——是別人叫我那樣作的。至於正當化，Scott與Lyman則提出了「否認傷害」（denial of injury）、「否認受害者」（denial of victim）、「忠誠訴求」（appeal to loyalties）、「自我充實」（self-fulfillment）、「譴責責難者」（condemnation of the condemners）及「悲慘故事」（sad tale）等。

除此之外，Cialdini（1976）提出了「形象管理」的幾種間接策略，茲敘述如下。首先，是「光環策略」，即是透過其他具聲望人士的光環，希望能產生對形象塑造者加分的效果；如在選舉上臺聯黨的候選人喜歡藉李登輝的光環，替自己加持，又如歌壇新人總是會以「某某人師弟」來作形象定位。其次則是「攻擊對手策略」，即當自己被競爭者攻擊之時進行反擊，或是藉攻擊期望能夠產生某程度的比較效果，來強調自己之優勢等。

鈕則勳（2009）認為運用光環策略時要注意幾個要點；首先是

不要無限制濫用別人的光環，亦即藉用別人名銜要減少不當的言行。除此之外，有幾種比較過分的態度或想法，也要將它除掉，那就是驕傲、需索無度與不為形象傷害設立停損點。驕傲之意至為簡單，不需贅述。不要需索無度意指別人借光罩你、推捧你，雖有時可能是客套，卻不無對你的肯定；但絕對不能利用別人的善意，得了便宜還賣乖，對他提出更多、甚至不合理的要求。最後，一定要為形象的傷害設立停損點；因為你的形象受損，也會直接影響到推薦你或幫你背書之人的形象，還是得考慮一下借光環給你使用的長輩、長官或好友。

　　Benoit（1997）提出形象修護策略及執行方式大概有：(一)否認（denial）：表明被攻擊之惡行或行為與他無關；亦即個人可表明他沒做過此事，或藉以來反擊對方抹黑。(二)推卸責任（evasion responsibility）：希望降低自己對於被攻擊之行為或惡行所應負擔的責任；包括1.合理反應—即說明被攻擊的行為是針對對方（不公平）或惡意行為所提出的反擊；2.無力控制—說明因為有其他不可控制的因素，而導致被攻擊的行為一發不可收拾；3.純屬意外—說明被攻擊的行為是突發事件、始料未及；4.動機純良—辯解自己動機良善，希望減低攻擊所造成可能被人嫌惡之可能。(三)導正（或補救）之方法或行為（corrective action）：降低被攻擊的行為中不被接受或眾人憎惡的程度；其內容包括：1.述說自己的長處：強調個人或組織的優點或正義行為，來抵銷被攻擊行為對其之傷害。2.對被攻擊的行為所導致的傷害輕描淡寫。3.區隔化策略：區隔自己被攻擊的行為與更不為人所接受的行為，以凸顯被攻擊行為並非絕對之惡行，以求損害控制。4.轉換層次，企圖教育民眾從不同角度看問題，就會發現被攻擊之行為並非十惡不赦。5.攻擊指控者，企圖以此動作來降低被攻擊行為之正當性。6.提供補償：以物質補償來降低被攻擊行為所造成的的傷害。(四)療傷或後續承諾：保證

惡行不再持續或發生，策略如：1.回復原狀：承諾將情況回歸未發生之前的狀態；2.預防：作積極之承諾，避免被攻擊之行為再度發生。(五)屈辱策略（mortification）：對別人攻擊的事務以承認的方式來面對並承擔責任，以尋求別人諒解，並誠懇地向社會大眾或受害者道歉並請求原諒，是一種較屈辱的策略。

　　黃懿慧（2001）以Benoit的形象修護策略為基礎，增加了「形式上致意」、「提供資訊」與「建構新議題」三策略來豐富形象修護策略之內涵。「形式上致意」是指組織以遺憾或痛心等字眼表達對事件發生的感覺；「提供資訊」為組織對於大眾或目標對象提供心理與行為層面的訊息，因為組織面對危機時若能有效向公眾提出足夠之訊息，不僅能降低公眾之不確定感，更能顯示組織有足夠之危機管控能力。「建構新議題」為轉移焦點的方式，組織為避免大眾或媒體將焦點放置在對組織不利之議題上，故拋出新議題企圖來轉移焦點。雖然其是針對組織之形象修護做考量，但是在個人形象遭遇危機時，亦能以其策略為依據，來進行形象修護。

　　鈕則勳（2009）則提出「三觀」原則，來作為保護形象之基礎；那就是「觀感」、「觀察」與「觀摩」，而此三觀主要涵意皆圍繞在溝通的對方。首先，「以尊重別人的觀感來出發，而非總以自己的利益作考量」，因為總是以自己的利益及立場作考量，只是想趕快「脫身」，而未考慮到你的形象是他人對你的看法，是主觀的、而且是互動的概念；是以當你以自己立場作出發想修補自己形象時，「尊重別人的觀感」才是你首先要考量到的。其次，從尊重別人觀感出發，進而要「觀察」他的態度；亦即當進行相關解釋欲保護自己形象時，一定要隨時觀察對方的態度，隨時作微調。最後，也需要「觀摩」朋友保護形象的方式，就是期望自己保護形象的方式不要落入過於主觀的困境，而過於主觀的表現方式卻往往可能會遭致溝通對方在觀感上的排斥；所以，觀摩周邊的朋友或溝通

對象他們與朋友相處的模式或是他們一般保護形象的方法，便能較有效地得知其所能接受的底線大致為何。

Trent與Friedenberg（1995）所提出在選戰中的六項辭辯戰略，亦可作為以辭辯方式來保護個人形象的策略，其不僅可用在選戰上，亦可為個人在一般情形中使用；其包括「測試」、「否認」、「支撐」、「區隔化」、「曖昧」（或稱「轉移焦點」）、「承認」等。

首先，一般人常會以「否認」的方式來反擊相關之指控。其次，「支撐」及「區隔化」是經常被使用的兩種戰略；以前者而言，我們常會企圖用此種方式去呼應被民眾所贊同的幾種價值，如前述柯林頓於性醜聞發生後，透過承認錯誤的方式來成就正直及誠實的美德，以平衡美國大眾或政敵對其的負面看法或攻擊。至於「區別化」，則是將一些事實、情感、目標、關係從觀眾所歸咎的較大的關聯背景中區別出來。

更甚者，我們也會以「曖昧」或「轉移焦點」的策略來轉移觀眾對被指控議題的注意。如柯林頓就成功的以此策略將自己行為上的缺點轉移到媒體濫權以致侵害人民隱私這個較抽象的議題上。最後，「承認」也是一個可以運用的策略，對於無法辯解的問題，我們最好的方法就是去承認錯誤，以致能在此棘手的問題上脫困，去開闢另外的戰場。

第三節　個人形象塑造之評估

個人形象塑造是否合宜，有賴於評估，亦即如同組織形象塑造般地，能夠將建立或塑造出的形象加以評估，才能夠進一步確認你所型塑的形象是否適當或是否能獲得別人的認同，發現問題時，便能機動進行微調。

　　首先，是個人形象評估的內容。其包括個人形象目標之評估、個人形象識別（PIS）中要項的連結性評估；以前者來說，個人形象目標包括知名度是否提升、喜好度是否增加、會否因為形象塑造使自己居於人際交往或關係形成中之優勢地位，若是這幾個評估面向均朝正面發展，你所建構或塑造之形象即有達到相關功能，反之，則要發掘原因同時形象要進行微調。

　　至於PIS的連結性評估則是以前述理念識別（MI）、視覺識別（VI）及行為識別（BI）為基礎，來探討個人所塑造之形象是否能在此三面向進行連結；三者連結性愈強，則會予人形象訊息之一致性，有利於形象塑造，連結性愈弱時，較不易讓人對你的形象有一致的觀感。試想一個專業的大學教授，衣著天天光鮮亮麗、甚至配色詭異，則一般人會覺得與大學教授印象有頗大差別；而若在行為上，他又有非常多負面舉止的話，此時受損的不只他的形象而已，全部大學教授的形象都會跟著受到影響。

　　再者，發現形象上之問題後，則要展開「形象矯正」的工作。而形象矯正有其程序；第一，是要找出形象差距，就是找出你期望之形象與別人認知你實際形象間之差距，並探究形象差距的原因，是你自己表現的不好？或是形象設定有問題才致此種差距？還是別人對你有偏見？第二，調整自己塑造形象的策略與步調，亦即歸結出前述之原因之後，開始進行形象塑造策略之調整，若是自己特質定位不明顯，則可能重新找出適合自己的優勢再來重新強化，若是自己沒有表現好以致形象模糊，則就應更加利用時機來進行表現，以凸顯印象之累積性效果。

　　鈕則勳（2009）認為個人形象塑造之評估可先採較簡單的「親朋好友詢問法」，即可問一下和你相處的親朋好友對你的整體感覺、或對你所要強化之特質的感覺，若他們覺得很棒，該項特質當然繼續強化，若他們的看法是負面或有建議，則你該特質的展現就

勢必要微調。若標榜以好口才來作為特質，在詢問親朋好友時，他們總說「你口才不錯，但總是咄咄逼人」的話，你就要在「同理心」或「聽眾需求」上多考量，畢竟優勢的發揮，絕對不能對別人造成困擾，或讓別人起反感。

　　總之，形象塑造並非一蹴可幾，適當的評估及調整仍然有其必要性；而形象累積在你與朋友的相處上、待人接物上、對事情的看法上、對問題的處理上，是否能以同一的標準來看待它，以同樣的態度來面對它。若是能如此，便能產生「訊息一致性」，你給人的印象才能一致，能在他人心中產生累積印象，想建立的形象才能建立。

1. 請試著找出你個人的獨特銷售主張，並設想強化推銷之方法。

2. 形象塑造中之「光環策略」，在使用的過程中，有沒甚麼要避免的地方。

3. 形象管理中「取得獎賞型自我表達風格」與「保護型的自我表達風格」，各有何相關策略。

4. 若你是一位業務員，現今要建立專業有能力的形象，你會從那些面向或動作來著墨。

5. 你的形象塑造若無法獲得別人肯定或認同時，你會用何種方式來進行微調。

參 考 書 目 與 進 階 閱 讀

一、中文部分

卜正珉（2003）。《公共關係—政府公共議題決策管理》。臺北：揚智。

方蘭生（1995）。《魅力公關》。臺北：希代。

方蘭生（2000）。《方蘭生談自助公關》。臺北：希代。

孔誠志、李宜錦等人（1998）。《形象公關—實務操演手冊》。臺北：科技圖書。

江惠君（1993）。〈商業銀行形象之研究及與其往來意願之相關分析〉。國立交通大學管理科學研究所碩士論文。

袁怡文（1990）。〈臺灣地區人壽保險公司企業形象之研究〉。淡江大學管理科學研究所碩士論文。

姚惠忠（2006）。《公共關係學：原理與實務》。臺北：五南。

陳士斌（1985）。〈企業形象之研究——人壽保險業實證探討〉。國立臺灣大學商學研究所碩士論文。

黃懿慧（2001）。〈危機回應：淺談形象修復策略〉，《公關雜誌》，42：38-14。

彭懷恩（2002）。《政治傳播與溝通》。臺北：風雲論壇。

彭懷恩（2006）。《別怕媒體》。臺北：米羅文化。

鈕則勳（2005）。《政治廣告》。臺北：揚智。

鈕則勳（2009）。《就是比你受歡迎》。臺北：書泉。

熊東亮、梁素君等（2005）。《個人行銷與形象管理》。臺北：空中大學。

賴祥蔚（2006）。《有效公關》。臺北：米羅文化。

賴祥蔚（2009）。《公關計畫——活用媒體曝光術》。臺北：五南圖書。

二、英文部分

Arkin, R. M. & Shepperd, J. A.(1990). Strategic self-presentation: An overview. In M. J. Cody & M. L. McLaughlin(Eds.), *The Psychology of Tactical Communication* (pp.175-193).Clevedon,Philadelphia: Multilingual Matters Ltd.

Benoit, W. L.(1995). *Accounts,excuses,and apologise: A theory of image restoration strstegies*. Albany, N. Y.: State University of New York.

Benoit,W. L.(1997). *Image restoration discourse and crisis communication*. Public Relations Review, 23.

Boorstin, Daniel J. (1992). The Image: *A Guide to Pseudo-Events in America*. NY: Random House Inc. Vintage Books; Reissue edition.

Boulding, K.(1956). *The Image: Knowledge in life and society*. Ann Arbor: University of Michigan Press.

Cialdini, R. B., Borden, R. J., Thorne, A., Walker, M. R., Freeman, S., & Sloan, L. R. (1976). Basking in reflected glory: Three (football) field studies. *Journal of Personality and Social Psychology*, 34: 366-375.

Jones, E. E. & Pittman, T.(1982).Toward a general theory of strategic self-presentation. In J. Suls (Ed.), *Psychological Perspectives on the Self* (Vol.1, pp.231- 263). Hillsdale, NJ: Erlbaum.

Luke, Jeffrey (1998).*Catalytic Leadership: Strategies for an Interconnected World*. San Francisco: Jossey-Bass Publishers.

Nimmo, D. & Savage, R. L. (1976). *Candidates and Their Images*. California: Goodyear Publishing Co.

Ries, Al & Trout, Jack (2001). *Position: The Battle for Your Mind*. McGraw-Hill. Inc.

Robert, N. C. & King, P. J. (1996). *Transforming Public Policy: Dynamics of Policy Entrepreneurship and Innovation*. San Francisco: Jossey-Bass

Publishers.

Scott, M. B. & Lyman, S. M. (1968). Accounts. *American Sociological Review*, 33: 46-62.

Spector, J. H. (1961). Basic Dimension of the Corporate Image. *Journal of Marketing*, Oct.: 47-51.

Trent, Judith S. and Friedenberg, Robert (1995). *Political Campaign Communication: Principles and Practices*. 3rd ed. Westport, CT: Praeger.

Verderber, Rudolph F. & Kathleen S. Verderber (1995). *Inter-act-using interpersonal communication skills*. Wadsworth.

Walters, C. Glenn (1974). *Consumer Behavior: Theory and Practice*. Richard D. Irwin Inc.

第二篇　情愛篇

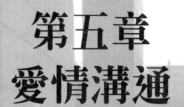

第五章
愛情溝通

林萃芬

摘要

　　幾乎所有的感情議題都和心理與溝通息息相關,尤其愛情跟「情緒」和「環境」的變化更是密不可分,如果不清楚基本的人際「吸引法則」,在戀愛的過程中,不僅容易對自己失去信心,更會白走許多冤枉路。所以本章將從愛情的吸引法則、不同的發展階段,以及人際互動的心理狀態,來說明溝通的重要性與相關愛情理論。

　　相處階段的愛情溝通有兩個重要的討論議題:一是瞭解「緣在不同感情互動階段的作用」;二是討論「影響愛情溝通的因素」,進而瞭解這些因素是否也會影響到兩性的感情發展;分別從兩個不同的理論視角切入,看看有哪些理論可以解釋兩性戀愛的溝通現象。

　　再者,在戀愛的過程中,若能探索自己的人際互動模式,譬如怎麼解讀自己和別人:進而統整自我,提升自我概念,能夠擁有自主性,具有人際互動的創造力,就可以自在與情人溝通,並且建立親密關係。

第一節 吸引階段的溝通

在愛情的旅途上，不同時期，不同狀況，需要掌握不同的心理需求。譬如說，追求情人，要知己知彼；贏得好感，要投其所好；經營感情，要瞭解差異；穩定關係，要滿足感情需求；化解衝突，要安撫對方情緒；挑動情慾，要懂得性心理；想和平分手，要明白防衛機制；幾乎所有的感情議題，都和心理與溝通息息相關。

所以本章便從愛情不同的發展階段，以及人際互動的心理狀態，來說明溝通的重要性與相關愛情理論。

儘管經營感情需要用心學習，但不可否認，愛情跟「情緒」和「環境」的變化密不可分，如果不清楚基本的人際「吸引法則」，在戀愛的過程中，不僅容易對自己失去信心，更會白走許多冤枉路。究竟有哪些「吸引法則」會影響感情發展呢？

一、吸引力相關理論

(一)吸引理論（attraction theory）

Wallace（1999）提到，現實生活中，人與人之間最強大的電波就是外在吸引力，由於我們喜歡好看的人，所以會對好看的人比較友善，也會比較注意他們的表現（引自余憶鳳，2002）。這種先注意外表的「初始效應」（primary effect），和預期對方在各方面特質皆有良好表現的「月暈效應」（halo effect），會讓我們不知不覺就以貌取人。

研究發現，在其他條件都相等的情況下，一個外貌較具吸引力的人，會比外表較不具吸引力的人，來得更受人喜愛。Walster等人早在1966「電腦約會」的研究就證實了這個現象：他們讓受試者

參加一個名為「電腦選擇」的約會。在約會前，研究者先對每位參與者的外表吸引力做一個評定，然後讓電腦任意將參與者兩兩配對，約會之後，要求參與者評定他（她）們的約會對象：一是評定他（她）們喜歡對方的程度，二是評定他們是否希望再跟這個對象約會。結果發現，影響個人判斷的最佳指標就是，約會對象的外表吸引力，如果約會對象長的很有吸引力，則受試者大多喜歡他（她），並且希望再與他（她）約會，但若這個對象的外表缺乏吸引力，則受試者不喜歡他（她），也不想再與他（她）約會。而且重視外表的比例，男性比女性更為明顯（引自陳皎眉、鍾思嘉，1996）。

不少情侶常會抱怨另一半是「外貌協會」，愛亂看漂亮女生，其實，如果瞭解「吸引力法則」，就不必為此跟對方吵架、生氣。

(二)個人特質

愛情要溝通順暢，個人特質是非常重要的，其中最重要的特質則包括：真誠、溫暖與能力。

1. 真誠（sincere）

在所有的個人特質中，真誠可說是最重要的。人們大都喜歡真心相待的人，不愛耍心機、善欺騙、工於計算的人。Anderson（1968）曾經邀請大學生針對五百五十個形容詞，逐一評量他（她）們喜歡的程度。結果發現，被評定為最令人喜歡的前八項特質當中，有六項是跟「真誠」相關，例如：誠實的、忠誠的、真實的、值得信賴的及可靠的；而被評定最不受人喜歡的十一項特質當中，也有六項是與「缺乏真誠」有關的，包括說謊、欺騙、虛偽、不真實、不值得信賴的及不真誠的，由此可見，人際交往時「真誠」的態度有多麼重要。

現實生活中，許多情侶發生爭執，都是因為感覺另一半「不真

誠」，假如情人也曾有過類似的抱怨，不要認為對方想太多，而要虛心反省，自己有哪些言行舉止會讓對方覺得「不真誠」？只有理解對方的想法才能化解衝突，讓關係順利進展。

在Anderson的研究中，還發現另外兩類最為人們所喜歡的特質，一個是溫暖（warmth），一個是能力（competence）。

2. 溫暖（warmth）

Asch（1945）及Kelly（1950）早期的研究已經證實，一個「溫暖」的人與一個「冷淡」的人，會給人完全不同的第一印象，但究竟要擁有什麼特質才能讓人感覺溫暖、友善呢？Folkes及Sears在1977年所做的研究，發現了一個關鍵因素：就是人們對其他人、事、物的興趣或態度是正向或負向，會影響其被認定的溫暖程度。當人們對周遭人、事、物有正向的態度，經常傳達喜歡、欣賞、贊同的言語，就會給人溫暖的感受；相反地，當人們常常表達不喜歡、不贊同的意見時，便會給人冷漠的印象，而這種溫暖或冷淡的態度就決定了別人是否喜歡他們（引自陳皎眉、鍾思嘉，1996）。

所以，經營感情時，若缺少「溫暖」的特質，自然會讓關係形成負向循環，想讓感情產生正向循環，就要培養自己「溫暖」的特質。

3. 能力（competence）

通常人們喜歡跟聰明、有能力、有智慧的人交往，這是因為跟有能力的人在一起，對自己比較有利。從「社會交換理論」（social exchange theory）的角度來看，一個人擁有越多能力，就代表他有越多資源可以跟別人交換，當然也越受到別人的歡迎。

不過，「能力導致喜歡」的原則也有幾個例外，一種情況是「過於完美」反而會降低人緣。另一種情況是男性對女性能力的欣賞程度，會受到時空距離的影響，遠距旁觀與實際接觸，往往會有不同的感受。研究發現，如果相隔一段距離（at a distance），男性

還可以欣賞具有能力的女性，但若必須常常接觸，像是親密朋友、夫妻或同事，能力太強的女性就常會讓男性覺得受到威脅。

有些人會給能力強的女性貼上「女強人」的標籤，似乎也間接印證這個理論，或許要改變這個狀況，能力越強的女性越要擁有溫暖的特質，才能降低對男性的威脅感。

(三)學習理論

從學習理論中的「聯結原則」來看人際吸引，可以發現，大多數人喜歡跟曾經讓自己有美好經驗的人相處，而不喜歡和有過不好經驗的人互動。也就是說，我們會將喜歡的人和美好經驗聯結在一起，這種因為刺激而產生的制約性情緒，會影響到我們對某人的喜歡。

Houston和Levinger認為，在人際互動的過程中，倘若雙方有愉悅、正面的態度和感受，便能進一步產生歸屬感。情侶相處時有愉悅感受，會讓彼此願意跟對方繼續保持聯繫，否則交流就會中斷。

(四)增強理論（reinforcemem theory）

增強理論認為，人們會跟給自己「酬賞」的人發展關係，同時儘量避免和互不欣賞的人交流感情。「酬賞」可以是社會性的，如讚美、恭維；或者是物質性的，如禮物、獎金等增強物。

這就是為什麼談戀愛的時候需要多講甜言蜜語，還要適時送對方禮物贏得歡心，目的就在增強感情，讓對方更喜歡自己。

(五)社會交換理論（social exchange theory）

「社會交換論」最早是Homans在1950年代，根據Skinner的「操作制約行為論」和「基礎經濟學」發展而來的，強調人類的行為受到經驗及學習等因素的影響，當行為可以滿足我們的需要時，該行

為將會持續發生；相反的，行為反應若引發不受期待的結果，則該行為會終止反應（引自徐西森，2002）。

因此，當我們感覺跟對方的互動是有利的，從關係中獲得的酬賞（reward）遠遠超過付出的成本（cost）時，我們便會喜歡對方。

不少學者都依據「社會交換論」來解釋愛情現象，例如Blau（1964）提出「愛情交換論」，認為良好的愛情發展，必須在男女雙方平衡的酬賞交換情況下才有可能。Rusbult（1983）也以交換論的觀點來解釋愛情的發展，發現在兩性關係中，獲得較多酬賞者，對感情發展投入較多者，以及選擇其他情感關係較少機會者，對其感情關係有較高的承諾（引自葉肅科，2000）。

在兩性交往的過程中，可以不斷看到各種交換行為，很多人都希望能夠結交到條件比自己好的對象，期望對方帶給自己更優渥的物質生活，或是更快樂的人生。不過，談戀愛時若只想獲得「酬賞」，卻不願付出成本，久而久之便會對愛情造成致命的傷害。

(六)公平理論（equity theory）

依照公平理論的說法，當人們發展或維繫關係時，付出的代價與獲得的酬賞應該是相等的，換句話說，付出的代價越高，人們就會期待獲得更多的酬賞。

知名的愛情心理學家Sternberg（2001）以四個主張來說明「公平理論」，第一，每個人都想儘量擴大自己的「得出結果」，亦即獎勵減掉所受到的懲罰，盡力為自己爭取到最好的。第二，情侶可以藉由公平的分攤得失，培養出共識，進而擴大共有獎勵。第三，當人們發現自己處於不公平的關係中，就會感到精神痛苦，而且越感到不公平，精神就越痛苦。第四，人們會試圖恢復關係中公平性，以便消除不公平所帶來的精神痛苦。

所以，越能在關係中公平對待另一半的人，就越能吸引對方，

讓對方對自己產生親密感。在交往歷程中，如果雙方的關係越平等，就越能夠培養共識，順暢溝通，產生親密的連結，反之，若雙方處於不平等的地位，就較難發展長期的親密關係，連帶的也會中斷溝通。

(七)平衡理論（balance theory）

Heider（1958）的平衡理論以P（個人）、O（對方）和X（介於P和O之間共同認識的第三者或喜好的事物）等三個元素，說明每個人都有尋求平衡關係的需求，希望能與他人、世界保持和諧。如果P、O、X三者是平衡的關係，人們傾向喜歡對方；反之，若三者之間處於不平衡的狀態，則不喜歡對方。

根據這個理論，情侶在交往過程中，如果可以找出彼此共同的興趣或話題，培養共同的觀念和態度，就比較能夠維持雙方的平衡關係。

■ 二、其他因素

(一)相似性（similarity）

相似性是人際吸引中最常被談到的要素，意指人們喜歡與自己的態度、想法和性格等各方面類似的人相處。從「相似性」的角度來看男女交往的擇友條件，又可分為「相配原則」（matching principle）、「相配假設」（matching hypothesis）和「相配現象」（matching phenomenon）這三個面向，「相配」是指我們容易被和自己相似的人所吸引。

常常有人問起：「什麼樣的感情最經得起考驗？」研究發現，情侶雙方的外表、智力、身高、價值觀、興趣、背景，各方面越相

105

似，感情的發展越長久，這就是「相似效應」的作用，會大幅增加人際的吸引力。

因此，「班對」、「同鄉」、「社團夥伴」最容易滋長情愫，一方面彼此有共同的話題，很快就會變得熟悉又親近；另方面也比較能夠同理對方的感覺，有助於感情的維持。所以情侶想要長久經營感情，最好的溝通之道就是培養「相似性」。

(二)互補性（complementarity）

情侶之間除了態度相似會產生吸引力外，需求的互補也會產生強大的吸引力。Winch在1958年提出互補理論，認爲特質互補的人往往會增加吸引力。雖然互動雙方的態度、觀念不同，但是因爲一方所表現出來的行爲特質正好可以滿足另一方的心理需求，或是符合另一方的自我理想，就會受到吸引，譬如說，害羞內向的人容易吸引活潑外向的人，善於說話的人常會吸引剛毅木訥的人。

不過，真正進入親密關係之後，互補型的伴侶，由於體會不到對方的感覺和需要，難免會產生摩擦及不快。這個時候，有些人就會企圖把對方改造成「跟自己同一型」，以方便溝通，而且，雙方關係越好，就越想改造對方。所以，互補型的情侶最好多花一些時間用心瞭解對方的行爲模式，多方體會對方的感受想法，同時互相調整行爲，才能讓關係維持長久。

(三)接近性（proximity）

許多研究都發現，空間距離的接近和人際互動的喜歡有正相關，因爲接近性會帶來熟悉感，讓陌生的雙方滋長感情。Zajonc在1968年所做的實驗發現了「暴露效應」（mere exposure effect），這個實驗讓受試者暴露在一個新奇的視覺刺激之下，然後請他們選擇先前已經看過的刺激，以及一個完全沒看過的刺激，結果受試者都

喜歡先前看過的刺激（引自LeDoux, 1996／洪蘭譯，2001）。

吸引理論（attraction theory）中的情境因素亦提到時空接近性（propinquity）和人際熟悉感（familiarity），認為人與人之間的物理距離越接近，越能夠感到吸引；人與人互動頻率越高，越容易感到熟悉，越能增加人際間的吸引，而且彼此的接近會讓人預期、盼望未來進一步的互動。

舉例來說，互有好感的雙方若居住地點接近，常常有機會「順路一起走」，便有可能因為多一點相處時間和機會，同時增加雙方的吸引力。

(四)互饋性

除了接近性、互補性、相似性之外，人們也會對喜歡自己的人產生好感。「你喜歡我、我喜歡你、你更喜歡我」螺旋（the "you like me, I like you, you like me more" spiral）反應出，當我們知道有人喜歡自己，我們就會傾向喜歡那個人，下次和他互動時，就會表現得特別不一樣。「如果你喜歡我，那我就喜歡你」的互惠式正面評價，有助於愛情關係的建立與進展。

在互動的過程中，有好感的雙方若能釋放出「善意」，讓對方覺得有進一步交往的意願，多少會增加後續約會的可能性。所以約會階段，如果能夠主動釋放「好感」，的確有助於建立後續關係。

第二節　相處階段的溝通

張思嘉（2001）在探討臺灣夫妻婚前關係發展過程的研究中發現，臺灣的年輕夫妻常會利用「緣」的相關概念，來解釋關係發展過程中不同時期所呈現的各種現象（引自周玉慧，2004）。

所以，在此從二個方向來探討「相處階段的愛情溝通」：一是

瞭解「緣在人際關係與互動歷程之不同階段的作用」；二討論「影響愛情溝通的因素」，進而瞭解這些因素是否也會影響到兩性的感情發展；分別自兩個不同的理論視角切入，看看有哪些理論可以解釋兩性戀愛的溝通現象。

一、「緣」在人際關係與互動歷程之不同階段的作用

不論是參與演講或帶領兩性聯誼活動時，常常會聽到參與者使用「有緣」或「無緣」來說明自己目前的感情狀態。楊國樞（2005）在《華人本土心理學——人際關係的緣觀》研究中指出，在華人的心目中，「緣」所指的是一種命中注定的人際關係，這種關係的產生、性質以及時間長短已定，故不能或不易有所改變。

日常生活中，「緣」也是各種人際關係最方便的解釋。愉快而喜劇的關係是緣，衝突而悲劇的關係也是緣，親子關係是緣，夫妻關係更是緣，即便是萍水相逢也是一種緣分，所謂百年修得同船渡，千年修得共枕眠。

傳統中國人將各類人際關係都解釋成緣分的想法，可以稱為「泛緣主義」。楊國樞（1982；2005）的研究也歸納出「緣」在人際關係與互動歷程之不同階段的作用：

(一)人際關係建立階段，「有緣」或「無緣」的感受會形成歸因

無論是長期或短暫的關係，在正式會面之前，「緣」的作用便已開始。如果經由間接的媒介（如媒妁之言或他人介紹），即使雙方尚未真正認識，也會產生「有緣」或「無緣」的感受，因而形成了「神交」的階段。

會面前的「有緣」的感受，可以降低或消除第一次會面時的焦

慮，完成預先接受對方的心理準備；而會面前的「無緣」感受，雖可使人對未來的特定關係不加強求，但也會讓人對未來的關係產生心理上抗拒，有礙正常人際互動的開始與進行。

(二)初識的過程中，「緣」是人際互動的催化劑

在初識階段，雙方透過互動獲得關於彼此的訊息，這時若能留下良好的第一印象，則會產生「有緣」的感覺，連帶的亦會產生「有保證」的好關係，陡然增加對對方的好感或感情，無形中雙方的互動也會加速進行，並會用心保護這段關係。

但若留下不好的第一印象，就會產生「無緣」的感覺，將壞印象歸因於彼此無緣，接著就覺得這是一段壞關係或無關係，陡然減少自己對對方的好感，或陡增對對方的惡感，互動也跟著減少或停止。

在相識的歷程中，愛情的發展會產生何種變化，端視雙方對「緣」所做的歸因而定。但無論關係是成長或消退，「緣」都是人際互動的催化劑，只不過在成長的狀況下，緣是一種正催化劑，可以快速促進人際關係的形成或增長；在消退的情形下，緣則是一種負催化劑，可以快速促使人際關係減弱或消失（楊國樞，1982；2005）。

(三)無論人際關係成功或失敗，「緣」都是有效的自我防衛與社會防衛的方法

對傳統華人而言，假如自己與他人的關係是成功的，便會歸因於好的緣分，而不是歸因於較好的個人性格或行為。這種「向外歸因」（external attribution）的方式具有社會防衛作用，既不致因為自己婚姻的成功，而使其他夫婦處於不利的地位，非但可以保護那些婚姻不如自己幸福的夫婦的面子，避免產生自責、嫉妒及憤怒的情

緒，更不會破壞彼此的和諧關係（楊國樞，1982；2005）。

反過來說，如果自己與某人的關係是痛苦而失敗的，也會歸因於壞的緣，而不是歸因於自己不好的性格或行為。這種做法，個人既不必過分責備自己，也不必責怪別人（曾經安排、決定或影響此一關係的親友）。不責怪自己是一種自我防衛或保護的方法，不責怪他人是一種社會防衛或保護的方法。這樣的解釋可以避免將感情失敗歸因於雙方個人內在因素，例如性格不好、能力不強、行為不檢或努力不夠，因為「向內歸因」（internal attribution）常會引起自責、焦慮、羞恥、憤怒或無能的感受（楊國樞，1982；2005）。

(四)將匱乏的愛情關係歸因於「緣」的運作失常

在傳統華人社會中，如果有人的愛情久久不出現，就會聽到歸因於緣分運作失常的說法：「沒辦法，找不到有緣人」。這種防衛性合理化作用（defensive rationalization），不僅可以自我安慰或解嘲，也可免於責備自己，當然更不必去怪罪別人，可以同時保護自己及家族的自尊與面子，但最終的目的仍然是逃避焦慮、羞恥及自貶的不快情緒，並且維持和諧的人際關係。

將匱乏的愛情關係歸因於緣，會使人們安於現成的解釋，甚至相信自己真的是受到「緣」的影響，而不肯或不再努力去尋求戀愛機會，久而久之讓愛情受到延誤，造成不利於自己的後果。

(五)在人際互動過程中，「緣」有預言成真的作用

無論長期或短暫的人際互動，人們如果覺得跟對方「有緣」，便會增加對於對方的好感，互動也跟著頻繁，自然引發對方友善的反應，使彼此的關係更為密切，最後當然證實了自己與對方確實有緣的「預言」，反之亦然（楊國樞，1982；2005）。

談戀愛的時候，如果將「感情不順」都歸因於「無緣」，既不

用想辦法溝通，也不必努力克服相處障礙，更無須改變自己的行事風格，可說是最輕鬆的自我安慰說辭。這或許可以解釋，何以很多人感情發生挫折、遭遇瓶頸時，寧可求助算命，也不願花時間溝通，如果不想落入「無緣」的輪迴中，找到親密溝通的管道是很重要的。

二、影響愛情溝通的因素

(一)兩性社會化的差異

柯淑敏（2004）認為，社會化的結果讓男性與女性在關係中所呈現的特質並不相同，與人互動時，男性尋求實際的幫助和行動，較多工作取向的話題，較少個人性的話題。而女性則透過人際交流尋求心理的親密和關心，也因此，較多人際取向和個人性的話題。

社會化的過程也讓男性和女性在關係中擔任不同的角色，男性多是主導者、決定者，女性多是照顧者與傾聽者。反應在決策歷程上，多數男生是自動自主做決定，表現自己是個有定見的男人，多數的女生則會先商量再決定，先聽聽別人的意見再說，即使自己心裡已經有了答案，還是會以疑問句詢問對方的意見。

再者，柯淑敏也指出，傳統的兩性交往模式中，男生主動追求，女生被追求，這種固定的模式，讓男生完全承擔「非得我主動不可」的壓力，如果不主動，永遠不知道這段戀情會不會成功？可是「我主動，也不一定會成功」，有等著被宣判的無奈心情。相對的，女生只能等著被追求，不管對對方有無好感，男生若不主動表明心跡，一切便「沒有開始就結束」。

愛情要溝通順暢，最好先瞭解兩性差異，否則就很容易形成「公說公有理，婆說婆有理」的局面，各自表述、互不相讓，反而

增加溝通障礙。

(二)符號互動論

「符號互動論」（the theory of symbolic interaction）認為，在人際關係中，個人對於他人的行為並非直覺反應，而是透過思考和詮釋，然後針對他人行為的意義，產生文字等抽象符號的媒介。也就是說，人們透過詮釋他人的語言、姿勢和符號，來進行溝通和互動，預期對方的反應為何，以便適應彼此。

「符號互動論」強調社會化（socialization）與社會互動（social interaction），這個理論的重點在於，人與人之間的互動性質、互動過程與互動情境的社會符號與個人意義。重要概念包括：符號（symbol）、自我（self）、社會化、角色（role）與情境定義（definition of situation）（引自葉肅科，2000）。

所謂「符號」包括語言、文字、手勢、表情、動作和其他抽象符號等，這些符號充滿在日常生活當中，是無所不在的。在人際互動的過程中，人們的思想、觀察、傾聽、行動等，都須經由符號的表達，才能達到溝通的目的。

由於人際互動的行為反應會依個人詮釋而有所差異，所以個人會先吸收與詮釋他人所傳達的符號與訊息，然後再決定該如何反應，意即「接收刺激─透過詮釋─做出反應」，這樣人際的互動才算是一種「有意義的互動」。

根據符號互動論，在互動的過程中，人們會根據情境解釋的基礎來改變或修正意義與象徵性符號，因此，情侶溝通的時候，瞭解雙方符號的意義就很重要。特別是在剛認識的階段，最能印證「符號互動論」的說法，很多人都會經由解讀對方的態度、語氣、肢體動作等「符號」，來定義對方是否喜歡自己，並且作為決定要不要進一步聯絡的依據。

(三)焦慮、不確定性處理模式論

Gudykunst的「焦慮、不確定性處理模式」（anxiety/ uncertainty management）認為，我們在人際溝通方面的知識、技巧和溝通動機，深受內在焦慮和不確定性等兩項因素的影響。根據Gudykunst的觀點，「焦慮」是指與他人溝通時，個人內在所呈現不安的情緒狀態，「不確定性」則是個人對自己和他人缺乏預知、瞭解的狀態，包括預測的不確定性和解析的不確定性（引自徐西森，2002）。

情侶在溝通的時候，必須先處理焦慮和不確定性因素，才能達成有效的人際溝通。

(四)「社會滲透」（social penetration）理論

Sternberg（2001）指出，人際關係是透過「社會滲透」（social penetration）的過程發展出來的，亦即外在行為以及伴隨行為過程中所產生的感受。根據這個理論，我們跟別人的互動分兩方面：一是廣度，一是深度。「廣度」指的是，在互動時跟人討論的話題範圍；「深度」指的是，每個話題所討論與互動的層面；就「社會滲透」的廣度與深度而言，人際關係隨之而有不同。

很多人一直想要瞭解，在如此兩性的互動過程中，什麼樣的話題可以增加人際互動的「廣度」與「深度」？還有在交往階段，是話題的「廣度」有助於建立關係？亦是話題的「深度」，會讓對方想要進一步交往？選擇話題對建立關係的影響為何？

柯淑敏（2004）根據「社會滲透論」（Theory of Social Penetration）（Altman and Tayler, 1973）的觀點來看愛情關係，發現溝通話題的深度與廣度反應了彼此關係的親密度。柯淑敏（2004）表示，讓雙方溝通擴展廣度和增加深度的關鍵過程，就是自我開放或自我表露（self disclosure），即兩人願意以語言或非語言的方

式，開放和傳遞更多個人的相關訊息給對方，願意讓對方更瞭解自己，自己也願意對對方的開放和傳遞個人訊息給以正向積極的回應。

研究顯示，兩性在自我開放或是自我表露的程度上，有很多不同的感受與歷程，如何讓男性在自我表露時得到更多正向的鼓勵，願意開放更多個人的內在訊息給對方，而不會因害怕講錯話而關閉溝通的大門，真的很重要。

(五)親密程度的三個判準

葉肅科（2000）指出，親密的程度有三個判準：寬度（breadth）、開放度（openness）與深度（depth）。「寬度」是指男女兩方共同活動的範圍，寬度越廣表示雙方花越多的時間參與共同的生活，親密程度也越高。「開放度」是指兩人願意敞開心門，讓對方走進自己的內心深處，相互宣洩情感與交換想法的程度。不過，持續的開放也會帶來負面效應，過度開放易讓人產生害怕被拒絕或被背叛的脆弱感。因此，只有對等的開放，才是最適當的防護。「深度」則是指雙方願意融入對方世界與之結合的程度，例如彼此互許諾言。

對照Sternberg（1986）提出的愛情三角理論（Triangular Theory of Love），愛情包含親密、激情和承諾三種成分；親密指標屬於愛情中的情感成分，指的是兩人之間親近、相連、相屬的感覺，親密感在關係中時常會引發一些情緒性的經驗，例如在關係中體驗到快樂的感覺，互相瞭解的感覺，隨時準備給予或接受來自對方情緒支持的感覺，或彼此溝通的感覺。激情指標屬於愛情中的動機成分，強烈想要更貼近對方的渴望，因此通常會促使個體向對方表達各種強烈的情感。承諾指標屬於愛情中的認知成分，包含短期與長期的部分，短期而言是決定去愛一個人，長期而言是對持久愛情關係的

承諾（引自李怡眞、林以正，2006）。

　　但無論是親密、激情或承諾，都需要透過溝通來取得共識，瞭解彼此的需求，增加感情的厚度。

第三節　人際溝通分析模式

　　人際溝通分析模式（transactional analysis）簡稱TA，是一種人格理論，適合用來瞭解人們的行爲，其觀點強調選擇、責任與自由的重要性（Ohlsson, Bjork & Johnsson, 1996），認爲當一個人擁有自主性，便能自動自發，富有創造力，能與人建立親密關係。

　　邱德才（2000）歸納整理TA的哲學基礎有下列四點：第一、每個人都是好的：所謂「好」的意思，是指每個人都是有價值的、有尊嚴的，每一個人的存在都是重要的，不論他（她）是誰。第二、人是一個決定的模式：一個人對自己和其生存的世界所做的最重要決定，是關於自己人格和心理地位的早期決定。第三、人是需要得到安撫才能生存的：追求安撫是生存的動機，爲了得到安撫人們便會發展出很多生存的策略。第四、人是有能力思考的：每個人在追求安撫的滿足過程中，所發展的策略是思考所得的結論，也可以因此決定要由生活中得到什麼。

　　Thomas Harris（1991）在《我好，你也好》一書中提到，TA人際溝通分析學派的創始人伯恩（Eric Berne）曾經爲社交的基本單位「交流」（transaction）下了一個定義：當兩個以上的人碰面了……或遲或早，其中會有人先開口說話，或以其他方式表示知道他人的存在，這叫做「交流刺激」；然後，另一個人會說些與刺激有關的話，或做某件事來反應，稱之爲「交流反應」。

　　在交流的過程中，我們彼此會傳遞出認可對方的訊息，TA稱這種認可訊息爲「安撫」（stroke），每個人都需要安撫來維持身體和

115

心理的健康（Stewart & Joines, 1999）。而交流的分析，便是根據人們的「自我狀態」模式來解釋溝通的過程中發生了什麼事。

Stewart和Joines（1999）表示，當人們彼此產生交流，或是在團體中交流時，會以幾種不同的方式來運用自己的時間，這些方式是可以列舉出來並予以分析的，稱為「時間結構」（time structure）。所以，從一個人的「時間結構」可以看出其願意冒多少風險來換得親密的感情，自然會影響到感情的發展。

此外，溝通分析學派另一個說明人我關係的概念是「心理地位」，分別是「我好、你也好」、「我好、你不好」、「我不好、你好」、「我不好、你不好」，這四種「心理地位」的高低，還有人際互動的態度，都與感情的建立發展息息相關。

下面分別說明「自我狀態」、「時間結構」、「心理地位」對人我關係發展的影響，希望能對情人的內在世界多一些瞭解。

一、自我狀態（ego state）

前述TA理論中以「自我狀態」來說明人格的三個部分，也就是以父母自我狀態，成人自我狀態，兒童自我狀態來解釋人格的結構，不同的自我狀態，代表了不同的相關行為、想法和感受，也就是在生活中的某一個時間裡，我們會表現出自己部分的人格狀態（邱德才，2000）。

伯恩（Eric Berne）為「自我狀態」下了一個定義：「一種思想與感覺一致的系統，藉由一套相對應的行為模式呈現於外。」（引自黃珮瑛譯，1996: 45 / Ohlsson et al.）。「自我狀態」在每個人身上都有一些相似的特定功能，例如父母自我狀態便有著一般父母的功能：保護、教養、要求、關心、設立標準等；兒童自我狀態則是天真、愛、恨、有創造力、服從等；成人自我狀態則是充滿理性、

深思熟慮、解決問題等（邱德才，2000）。

　　邱德才（2000）進一步指出，「自我狀態」就功能而言又可以分爲五種狀態：(一)CP批判式父母自我狀態，功能是權威、控制、指導、責任、嚴苛；(二)NP撫育式父母自我狀態，功能是關心、照護、接納、鼓勵、支持他人；(三)A成人自我狀態，功能在於澄清事實、說出需要；(四)FC自由兒童自我狀態，功能是天眞活潑、創意幽默，表露自己的感覺；(五)AC適應兒童自我狀態，功能則是妥協、壓抑。

　　伯恩在談到「自我狀態」時說：「親密是一種直言無隱的『兒童自我』對『兒童自我』的關係，其中不包含心理遊戲或互相利用。這種關係是經由雙方的成人自我設立的，所以都很清楚彼此間的約定和承諾。……」（引自Stewart & Joines, 1999: 147）。

　　Stewart和Joines（1999）更進一步解釋「自我狀態」與「親密」之間的關係，要想與人親密，首先要以「成人自我狀態」思考、行動和感受，在這樣的架構下，雙方就能隨時進入「兒童自我狀態」彼此分享，並且滿足某些童年未得到的心理需求。同時也有人認爲，親密亦包含「父母自我狀態」的照顧、保護和接納。故從參與者的「自我狀態」，多少可以看出其「親密」關係如何。

　　傑克‧杜謝（Jake Dusay）假設「自我狀態」有一個恆定的原則：「如果某一個自我狀態的強度增加，其他的自我狀態就會呈現代償性的減少，就好像無論心理能量如何流動，其總量不會改變一樣。」（引自Stewart & Joines, 1999）。也就是說，當能量流動到「撫育式父母自我狀態」的時候，「批判式父母自我狀態」自然就會減少。

　　此外，伯恩也提出四種判斷「自我狀態」的方法：從行爲的表現來判斷，從社交互動來判斷，從過去的經驗來判斷，從現象的體驗來判斷（引自Stewart & Joines, 1999）。在本文中，並非以診斷的

117

概念來看情侶的「自我狀態」，而是以「社交互動」的狀態來分析情侶的「自我狀態」，希望能夠瞭解不同「自我狀態」的組合對感情溝通會造成什麼影響。

■ 二、時間結構（time structure）

邱德才（2000）認為，人是社會性的動物，需要依賴與他人接觸，以獲得安撫。而選擇自己生活的方式，以及時間運用的安排過程，便是「時間結構」。時間結構的目的是決定用什麼方式，冒多少風險以換得親密的感情。TA中，描述一個人運用時間的方式，共有六種：

(一)退縮

當人們離開人群獨處，或停留在自己的內在世界時，便可能是退縮，也許在感情上孤立自己，也可能在思想上孤立自己，或是在行為上很少與他人接觸，常會在人群中陷入沉思幻想或白日夢中。

處於退縮狀態的人，談戀愛時，多半不會主動溝通，因為退縮時唯一能給予或接受的安撫就是自我安撫，由於沒有和別人交換安撫，心理上就避免了被拒絕的危險。

(二)儀式

儀式可能是非常簡單的，也可能是十分繁複的過程，如宗教儀式或婚禮等，一切的儀式過程都經過設計和安排，甚至有點枯燥無趣，不過對很多人而言，卻可以從中獲得重要的安撫。

雖然「儀式」比起「退縮」要負擔更多心理上的不安全感，但卻可以提供熟悉的正面安撫。

(三)消遣

消遣時人們沒有特別目標的閒聊，可能會談論一些安全的話題或者自己喜歡的話題，例如旅行、社會新聞等等，大部分都是人們熟悉且安全的，既能給人們帶來很多的安撫，但彼此又不需要太靠近，也相當安全。

「消遣」主要是提供的正面安撫，偶爾會有負面的安撫；和「儀式」所提供的安撫相比，「消遣」的安撫較強烈，也比較不能預測，所以「兒童自我」會有比較強烈的不安全感。在社交中，「消遣」還有另一種功能，就是讓大家有機會看看有誰適合和自己發展進一步的關係，以交換更強的安撫。

(四)活動

活動是指有目標，需要投入很多精力的過程，例如一份工作，上某些課程，或辦活動等等，人們常花很多時間在從事活動，而活動也給人們帶來很多安撫。

從「活動」中所得到安撫，包括正面有條件和負面有條件的安撫，通常安撫不是馬上可以得到的，要到活動結束時看做得好不好才能得到。活動中，心理上對安撫的不安全感可能比「消遣」要大，也可能比較少，端視不同的情形而定。

(五)遊戲（心理遊戲）

心理遊戲是一連串曖昧溝通，從社交層面來看，喜歡玩心理遊戲的人會體驗到很強烈的安撫，在心理遊戲進行的過程中，體驗到的安撫可以是正面或負面的，但在心理遊戲結束時，雙方都會覺得很負面。

(六)親密

　　分享彼此的感覺、想法和經歷，並且雙方互相信任、坦誠相對，直接給予安撫的過程，溝通過程中沒有隱藏的動機，沒有互相剝削，感情可以自由的流露，並對任何將要發生的事情都能坦然面對。一般而言，越是靠近親密的時間結構，來自別人的安撫力量就越多。

　　而從「親密」中得到安撫，比其他形式的安撫都要來得強烈，所交換的安撫可能是正面的，也可能是負面的，但不會有漠視，因為親密的定義就是交換真實的需要和感受，由於親密是未經計畫的，故在「時間結構」中是最無法預測的方式。

　　從一個人選擇的「時間結構」多少可以看出其心理上的安全感，以及尋求安撫的類型。Stewart 和 Joines（1999）以為，在六種「時間結構」中，排在越下面的讓人心理上有不安全感的程度會越強，這是因為得到安撫的可能性越無法預測，特別是當我們不確定到底是被別人接受還是排斥的時候，會更為明顯。

　　由此可知，談戀愛時，心理安全感越強的人越能跟另一半溝通，勇於說出內心的感受、真實的想法，相反的，心理安全感越弱的人越不敢跟另一半溝通，或害怕被對方責備，或害怕被對方拒絕。所以，溝通時，最好先瞭解另一半的心理安全感，才不會因強迫溝通，讓對方更封閉自己。

三、心理地位（life positions）

　　邱德才（2001）指出，溝通分析學派以「心理地位」的概念來說明人我關係的現象，「心理地位」共有四種：「我好、你也好」、「我好、你不好」、「我不好、你好」、「我不好、你不

好」。下面分別闡釋「心理地位」與人我關係：

(一)我好、你也好

喜歡自己，願意分享自己；也欣賞別人、願意接近別人，人際關係開朗和親密。

(二)我好、你不好

看不起別人，操縱別人，自認高人一等，自以為自己重要，自私，人際關係是以自我為中心。

(三)我不好、你好

覺得別人比較重要，聽從別人的意見，缺乏自己的主見，委屈自己、壓抑自己，會討好別人，人際關係是比較隨和的、妥協的或以別人為主的。

(四)我不好、你不好

否定自己，也否定別人，對自己的表現持否定的態度，但也不欣賞別人，覺得別人也和自己一樣糟，人際關係是疏離的、不易親近的。

從「心理地位」可以看出一個人如何解讀自己和別人，亦即探索其「自我概念」的高低，邱德才（2001）表示，「自我概念」是對自我的評價，或是對自我的印象，通常自我價值感高的人容易喜歡自己、欣賞自己、看重自己、激勵自己，對事物正向思考，勇於嘗試和改變。相反的，若一個人的自我價值感較低，則會過分強調自己的能力或缺陷，常覺得自己是一個受害者，太過注意事情的負向結果，自我價值建立在某種條件上，常會為別人過度承擔責任。

1971年，富蘭克林・恩斯特設計了OK圖形，更進一步闡釋心理

地位的概念（引自引自黃珮瑛譯，1996: 45 ／ Ohlsson et al.）。

🌸表5-1　OK圖形

	我不好	我好
你好	社交過程：轉移 社交運作：逃離 時間結構：消遣	社交過程：進展 社交運作：符合現況 時間結構：運用時間、安排時間
你不好	社交過程：原地打轉 社交運作：毫無進展 時間結構：浪費時間、拖延	社交過程：革命 社交運作：擺脫 時間結構：消磨時間

資料來源：黃珮瑛譯，1996 ／ Ohlsson et al.

　　從上表的「OK圖形」中可以清楚看到，人際互動模式和「心理地位」息息相關，「我好、你也好」的人與別人溝通互動時，關係比較容易持續並有進展；「我不好、你好」的人多半選擇逃避的因應之道；「我好、你不好」的人則傾向擺脫不喜歡的人事物；而「我不好、你不好」的人關係比較疏離，不易和別人建立親密關係。

　　兩性認識交往之後會歷經一連串的人際交流與溝通，而TA的分析架構，剛好可以連接「行為」、「想法」與「感受」三者的關係，瞭解內在的自我狀態，如何解讀自己和他人，還有採取什麼時間結構和別人互動。

　　伯恩以為，親密是一種直言無隱的「兒童自我」對「兒童自我」的關係，其中不包含心理遊戲或互相利用，這種關係是經由雙方的成人自我設立的。由此可知，與異性建立親密感，一方面要有「兒童自我」的功能，尤其是「自由兒童」的功能，能夠天真活潑、創意幽默，表露自己的感覺；另方面也要發揮「成人自我」的功能，可以跟對方澄清事實，或直接說出自己的需要。而這兩種自我功能，通常男性都不多，所以如何讓「自我狀態」流動，也是建

立親密關係時不可忽略的議題。

　　一般而言，越是靠近親密的時間結構，來自別人的安撫力量就越多，會溝通、分享彼此的感覺、想法和經歷，並且雙方互相信任、坦誠相對，能直接給予安撫，溝通過程中沒有隱藏的動機，沒有互相剝削，感情可以自由的流露，任何將要發生的事情都能坦然面對。

　　因此，戀愛的過程中，若能探索自己的人際互動模式，譬如怎麼解讀自己和別人：對自己的看法為何？對他人的看法為何？如何看到自己的優點與能力，什麼時候比較有自信的感覺？如果有的話，感覺怎麼來的？過程中產生什麼力量？進而統整自我，提升自我概念，能夠擁有自主性，具有人際互動的創造力，就可以自在與情人溝通，並且建立親密關係。

問題與討論

1.常見的愛情溝通狀況有哪些？

2.順暢的愛情溝通包含哪些要素？

3.溝通的過程中，如果覺得對方很難溝通，會如何處理？

4.常見的愛情溝通障礙是什麼？

5.如何增進自我愛情溝通的能力？

參考書目

余憶鳳（2002）。《網住e世情—網路戀情發展歷程及其影響因素之理論
　　建構》。國立臺灣師範大學教育心理與輔導研究所碩士論文。

李怡眞、林以正（2006）。〈愛情關係中的情緒表達衝突之縱貫研
　　究〉。《中華心理學刊》，48(1)：53-67。

周玉慧（2004）。〈緣與婚前關係的發展〉。《本土心理學研究》，
　　21，85-123。

林萃芬（2007）。〈型塑兩性聯誼參與者追尋愛情的樣貌〉。《國立臺
　　北教育大學心理與諮商研究所碩士論文》。

林萃芬（2008）。《從情人言行洞知他的心》。臺北：方智。

洪蘭譯（1997）。《心理學》。臺北：遠流。（原書Henry, G.）

洪蘭譯（2001）。《腦中有情》。臺北：遠流。（LeDoux，J. [1996].）

邱德才（2000）。《TA的諮商歷程與技術》。臺北：張老師文化。

柯淑敏（2004）。《兩性關係學》。臺北：揚智文化。

徐西森（2002）。〈人際溝通〉。在徐西森、連廷嘉、陳仙子、劉雅瑩
　　著，《人際關係的理論與實務》。臺北：心理。

張思嘉（2001）。〈擇偶歷程與婚前關係的形成與發展〉。《中華心理
　　衛生學刊》，14：41-29。

黃芳田譯（2001）。《邱比特的箭》。臺北：遠流。（原書Sternberg, R.
　　J. [1998].）。

黃珮瑛譯（1996）。《人際溝通分析——TA治療的理論與實務》。臺
　　北：張老師文化。（原書Thomas Ohlsson, Annika Bjork & Roland
　　Johnsson, [1992].）

莊慧秋、王幼玲、古碧玲、呂政達、顧瑜君（1987）。《中國人的愛情
　　觀—情感與擇偶》。臺北：張老師文化。

莊慧秋、石青、林鴻達、曾昭旭、顧瑜君、顧雅文、賴瑞馨（1990）。
　　《中國人的婚戀觀—允諾與嫁娶》。臺北：張老師文化。

莊慧秋、余德慧（1991）。《中國人的姻緣觀—情緣與現實》。臺北：
　　張老師文化。

陳皎眉、鍾思嘉（1996）。《人際關係》。臺北：幼獅文化。

曾意琇（2004）。《緣來如此——單身女性相親經驗背後的社會文化圖
　　像》。樹德科技大學人類性學研究所碩士論文。

楊國樞（2005）。《華人本土心理學—人際關係中的緣觀》。臺北：遠
　　流。

葉肅科（2000）。《一樣的婚姻，多樣的家庭》。臺北：學富。

葉肅科（2002）。《社會學概論》。臺北：學富。

第六章
親子溝通

林萃芬

摘要

　　從心理諮商的角度看親子溝通，會主張父母要深入瞭解孩子各個不同的成長階段，以及情緒的特質和功能，才能夠同理孩子行為背後的心理狀態，進而用有效的方法跟孩子溝通。

　　親子之間若要彼此瞭解、互相溝通，父母從小的教養態度與觀念就很重要，根據諮商理論以及實務經驗，不少父母對自己的教養行為會對於孩子造成什麼影響並不清楚，所以在這一章將從發展理論的角度來看父母的教養與溝通方式，包括：弗洛依德的性心理發展理論，以及艾瑞克森的心理社會發展論。

　　此外，有鑑於父母在跟孩子溝通時往往會受到情緒的干擾，故本章特別著重「情緒表達與調整」、「與青春期的孩子溝通」以及「親子溝通的障礙」這三大方向來討論親子溝通的議題。

[第一節] 人類發展的理論

　　從心理諮商的角度看親子溝通，會主張父母要深入瞭解孩子各個不同的成長階段，以及情緒的特質和功能，才能夠同理孩子行為背後的心理狀態，進而用對的方法跟孩子溝通。有鑑於此，本章將從「人類發展理論」、「情緒表達與調整」、「與青春期的孩子溝通」以及「親子溝通的障礙」這四大方向來討論親子溝通的議題。

　　歷來學者對於人類發展究竟是受到先天的生物因素影響？還是受到後天的環境教養因素影響？進行過熱烈的討論，現在有不少學者較傾向採取中間觀點，多半認為複雜的人類特質，像是智力、氣質、人格等等，是生物性潛質與環境因素長期交互作用的產物。

　　另一個理論議題則是「主動還是被動」之爭（active/passive issue），到底兒童可以主動決定代理人如何對待他們嗎？亦是被動接受代理人的塑造呢？如果兒童是被動塑造者，那當他們長大之後，發現代理人沒有把自己教養好，是否可以控告代理人行為不當？事實上，在美國已經發生過類似案例，有個年輕人對父母提出不當行為的控告。

　　暫時放下理論之爭，親子之間若要彼此瞭解、互相溝通，父母從小的教養態度與觀念就很重要，根據我的諮商實務經驗，不少父母對自己的教養行為會對孩子造成什麼影響並不清楚，所以在此，將從發展理論的角度來看父母的教養與溝通方式，或許可以提供為人父母者一些參考。

(一)弗洛依德的性心理發展理論

　　眾所周知，弗洛依德（Sigmund Freud）是開業的精神科醫師，他經由分析受到情緒困擾病人的生活歷史，逐步形成其理論架構。在治療病人的過程中，為了紓解病人緊張焦慮的症狀，他運用催

眠、自由聯想、夢的解析等方法，顯露病人曾經壓抑（repression）的潛意識動機（unconscious motivation），藉著分析這些壓抑的動機和事件，弗洛依德認為，人類發展是一個充滿衝突的歷程，身為生物體，人們必須滿足基本的性及攻擊本能，但社會卻不歡迎其中的某些驅力，所以人們必須加以控制。

弗洛依德的性心理發展理論包括兩大部分，第一部分是人格的三個成分，第二部分是五個性心理階段。

1. 人格的三個成分：本我、自我、超我

本我（id）是一出生就有的，功能在於滿足天生的生物本能，而且要立即滿足。舉例來說，嬰兒就是「全部本我的」，當他們肚子餓了或尿布濕了，便會立刻哭鬧，直到需求滿足為止，由於嬰兒是極度沒有耐心的，所以常會把父母吵得焦躁不已。

自我（ego）是人格的意識、理性成分，反映出兒童的知覺、學習、記憶、推理的能力。自我功能是找出滿足本我的實際方法，譬如說，正在學走路的幼兒，如果肚子餓了，可能會搖搖晃晃走到媽媽身邊，然後指著食物讓媽媽知道他想吃餅乾。當自我成熟時，兒童就比較能夠控制不合理的本我，並且找到實際方法來滿足自己的需要。

超我（superego）是一個人的良心所在，約在兒童三到六歲開始內化父母和傳統的道德標準，一旦超我形成，兒童就較不需要父母或成人來告訴他們行為表現的好、壞，倘若出現不道德的行為他們就會感到羞愧，可說是內在的檢查者。

根據弗洛依德的理論，父母在塑造兒童的行為及品格上，扮演著舉足輕重的角色，尤其是兒童生命的前幾年，父母要協助孩子發展健康、成熟的人格，讓本我、自我、超我三者之間能夠動態平衡的運作，以適應外在的世界。

129

2. 性心理五個發展階段

弗洛依德對性的看法很廣，包含吸吮拇指和大小便等活動皆是，他認為當性本能成熟時，焦點就會從身體的某個部位轉移到另一個部位，而且每一次轉移都會帶來新的性心理發展階段。

第一個階段是口腔期，從嬰兒出生到一歲，性本能集中在嘴巴，嬰兒會從吸吮、咀嚼、咬等口腔活動得到快感。這個階段的餵食活動特別重要，如果嬰兒太早斷奶或突然斷奶，可能會造成未來渴望親密接觸，或對配偶過分依賴。或是當嬰兒吸吮拇指時受到父母強烈的懲罰並因而產生衝突，可能長大成人後會以一直抽菸或口交等替代活動來表達口腔固著。

第二個階段是肛門期，從一歲到三歲，兒童隨意大小便是滿足性本能的主要方法，這個階段父母的如廁訓練往往會演變成親子衝突，值得注意的是，父母的溝通方式以及營造的情緒氣氛，會對孩子形成長遠的影響。例如，因為不小心大小便在褲子上而被父母處罰的幼兒，可能會變得壓抑、散亂或浪費。所以，父母要有耐心協助孩子逐步控制大小便。

第三個階段是性器期，從三歲到六歲，兒童的快感來自於性器的刺激與撫弄。這個階段兒童都要通過伊底帕斯情節，會開始對異性父母產生性本能，同時又注意同性別父母的性別角色特質，以及道德標準。

第四個階段是潛伏期，從六歲到十一歲，這個階段性驅力變得較不重要，兒童的友誼多半是同性的朋友，此外，倘若兒童在學校獲得更多問題解決的能力，並且內化成社會價值，自我和超我會繼續發展。

第五個階段是兩性期，十二歲以後，當兒童進入青春期，性驅力會再度甦醒，這個階段青少年要學習如何以社會可以接受的方式來表達性驅力，父母要及時協助孩子發展健康的性驅力，而不是一

味阻止孩子接觸跟性相關的事物。

　　弗洛依德強調，父母在每個性心理發展階段，都要跟孩子站在同一陣線，給孩子太多或太少的性本能滿足，皆會讓孩子產生「固著」或「退化」現象。

(二)艾瑞克森的心理社會發展論

　　心理分析學者艾瑞克森（Erikson）提出的心理社會理論，認為每個人從小到大的生活至少要面對八個主要的危機或衝突，而每個衝突都各有出現的時機，如果危機成功地被解決，才能有充分的預備去應付下一個生活危機。

　　第一個「心理危機」發生於嬰兒出生的第一年，會影響形成「信任或不信任」的感覺。嬰兒對環境的信任感主要來自於被照顧的品質，倘若父母以拒絕的態度或不一致的方式來照顧嬰兒，那麼嬰兒可能會認為世界是不安全的，充滿不值得信賴和依靠的人們。有一個簡單的方法可以測知嬰兒是否已經發展出信任感，就是當母親不在身邊時，觀察嬰兒的情緒狀態，如果嬰兒能夠較少焦慮，或較不生氣，代表嬰兒對人有較高的信任感。

　　第二個「心理危機」出現於一到三歲，會影響形成「活潑自動或羞愧懷疑」的態度。自主性的發展源於兒童對外在環境的控制感，還有擁有某種技能的勝任感，這個階段兒童必須學習自主，練習自己吃飯、穿衣，以及控制大小便等衛生照顧行為。假如此時父母缺乏耐心，急著要孩子達成某些事情，反而容易讓兒童懷疑自己的能力，並且覺得羞愧。所以，父母要多鼓勵孩子嘗試獨立，而不是阻止孩子的獨立行為。

　　第三個「心理危機」發生於三到六歲，會影響形成「自動自發或退縮愧疚」的態度。這個階段兒童會企圖表現出長大的模樣，試著接受超過自己能力所及的責任，當孩子開始學著騎車或打球時，

如果父母能給予支持，或是在孩子提出問題時父母認眞回答，都可以增強孩子的主動感。相反的，倘若孩子努力付出，卻被人取笑或輕蔑，就可能會導致孩子的罪惡感，故父母最好不要隨意取笑孩子的行爲，以免降低孩子的主動性。此外，在培養孩子自動自發精神的同時，也要讓孩子學習不侵犯別人權利和隱私，帶領孩子解決衝突，有時過多的衝突也會讓孩子產生罪惡感。

第四個「心理危機」發生於六到十二歲，會影響形成「勤奮進取或自貶自卑」的態度。這個階段兒童開始學習重要的社會和學業技巧，他們會投注心力在創作事物，如果作品完成後能夠得到父母的肯定，成就感便會激發孩子的勤勉感。除此以外，兒童也常會將自己跟同儕做比較，所以就算努力完成的作品得到父母的讚賞，但若跟同學比較自覺不如別人，也會產生自卑感或差勁感，因此如何處理勤勉與自卑的衝突，端視能否和同儕、父母維繫良好的關係。

第五個「心理危機」發生於十二歲到十八歲，會影響「自我統合或角色混淆」。這個階段是兒童期與成熟期的交叉點，青少年會開始尋找「我是誰」，如果對自己瞭解深刻，知道自己要扮演什麼角色，確定人生的意義與方向，有助於價值體系的建立，不至於迷失方向或角色混淆。相反的，若是青少年對人不信任，又帶著羞恥懷疑、罪惡感和自卑感，就很容易對自我感到迷惑、產生不確定感，進而導致認同危機（identity crisis）。

第六個「心理危機」發生於二十歲到四十歲，是形成「友愛親密或孤獨疏離」的關鍵期。這個階段的主要任務是跟別人建立良好的友誼關係，特別是發展親密關係，能夠表達自己的感情與想法，倘若害怕逃避或無法跟別人親密關係，就會感到孤立、疏離，沒有朋友。

第七個「心理危機」發生於四十到六十五歲，會導致「精力充沛或頹廢遲滯」的態度。這個階段處於成人的中年期，主要的任務

是生產工作，撫養照顧家人，熱心社會公益或對下一代有幫助，如果只關心自己，就會停滯成長，讓人際關係越來越匱乏。

第八個「心理危機」發生於老年期，會影響形成「完美無缺或悲觀絕望」的態度。當人們接近生命終點時，會開始回顧過去的生活，反省生命的意義與價值，如果過去是豐富的，有許多愉快的經驗，讓人感到滿意的，就會用統整的眼光去回憶。反之，若覺得充滿挫折，仍有很多沒有完成的目標，就會覺得失望，甚至會因生命的短暫而感到焦慮不安。

從孩子的心理社會發展歷程，可以清楚看到親子溝通的重要，很多時候，由於父母不瞭解孩子的狀態，而採用高壓的管教方式，或是太過縱容孩子的行為，總覺得「孩子太小所以講不懂」，結果錯失溝通的機會，都會影響孩子的人格發展。

第二節　情緒的表達與調整

嬰兒在出生時，就會表達興趣、苦惱、厭惡和滿足的感受，心理學者Izard（1995）指出，兩個月到七個月大的嬰兒，會出現原始情緒（primary emotions），包括：生氣、哀傷、喜悅、驚訝及害怕的情緒。原始情緒似乎天生的，最能引發二到八個月嬰兒驚訝與喜悅的情緒，是當他們發現自己可以控制物品或事情的時候，反過來說，當他們不能控制事物或期望不被認可時，二到四個月的嬰兒多半會覺得生氣，而四到六個月的嬰兒則可能會覺得悲傷。

當嬰兒產生強烈的情緒困擾時，一方面需要照顧者加以安撫，另一方面嬰兒也會發展調整、控制情緒的策略，譬如說，他們會晃動身體、強力吸吮物品或咬東西、轉身離開不舒服的人或事，來減緩負面的激動情緒。這個時候，父母若能鼓勵嬰兒表達正向情緒，就能讓正向情緒更常出現。

133

　　到了第二年，兒童開始出現衍生情緒（secondary emotions），包括：害羞、尷尬、內咎、忌妒和驕傲的情緒，這些感覺又稱為自覺情緒，對自我感有傷害或促進作用。

　　Lewis（1989）等人深入研究兒童情緒後表示，尷尬的自覺情緒大概要到嬰兒可以從鏡子或照片中認出自己的時候才會產生；而害羞、內咎和驕傲等自我評價的情緒，則需要對自我認識，以及對評估行為的規則與標準有所瞭解時，才會產生。

　　一般來說，兒童在三歲左右較能評價自己行為的好壞，當他們成功完成一件困難的工作，會露出驕傲的表情和動作，像是微笑或鼓掌；不過，要是他們無法完成一件簡單的工作，也會出現羞愧的表情，如眼神往下低視。研究發現，兒童表現驕傲或羞愧的程度，會受到母親對兒童行為結果反應的影響，亦即當兒童失敗時會受到母親強烈苛責，太過重視負向經驗，容易讓孩子失敗後感覺非常羞愧，但成功時卻只有一點點的驕傲感。反過來，如果母親對孩子的正面成功有較強的反應，那麼孩子對自己的成功也會有較多的驕傲感，無法達成目標或失敗時的羞愧感亦不會過度強烈。

　　隨著年齡的增長，學齡前的兒童變得比較能夠呈現跟內在感受不同的外在表情，有些三歲的兒童會擁有隱藏真實感覺的能力，但他們還不是非常能夠區分真正的情緒，仍然會將感覺反應在臉上，隨意表達情緒。慢慢的兒童會瞭解社會所認可的情緒表達規則。

　　兒童約在十八到二十四個月大的時候開始談論情緒，倘若家人的談話集中在情緒表達上，便能協助兒童更瞭解自己和別人的感覺。有學者研究發現，越常跟家人討論情緒經驗的三歲兒童，三年之後進入小學就讀時，不僅越能解釋別人的情緒，同時解決與朋友之間紛爭的能力也越好。

　　對兒童來說，辨識和解釋別人情緒的能力，是非常重要的進步和成就，這可以幫助他們判斷在各種不同的情境中該如何感受和行

動。所以，如果照顧者表情豐富，經常引導兒童注意環境中的重要事物，或是常常表達對兒童探索事物的感受，可以協助兒童理解生存的世界。

大約四到五歲的時候，兒童已經可以說明爲什麼玩伴的情緒是快樂、生氣或哀傷的，只是，他們的注意力比較放在引發情緒的外在事件，而非內在的需求、慾望、心情或動機。

八歲到十二歲，兒童終於明白很多情境會引發不同人的不同反應，並且可以整合內在及外在的線索以理解別人的情緒，不只同理的反應更強，而且服從表達規則的能力也更加進步。

跟孩子溝通的時候，父母如果對情緒的特質和功能越瞭解，非但有助於溝通，同時能夠協助孩子處理負向情緒，譬如透過引導的方式，幫助兒童想出調整負向情緒的有效策略，學習用快樂的想法替代不快樂的想法，或是用比較讓人安心的方式重新解釋令兒童苦惱的問題。

教養孩子的時候，倘若父母習慣採取嚴厲的方式，制定許多規則要求孩子絕對服從，卻很少跟孩子解釋原因，一旦孩子違反規則，又用激烈體罰的方式強迫孩子服從，久而久之，容易讓孩子變得情緒化，常常悶悶不樂，易被激怒，對別人顯現敵意、不友善的態度，通常與人較不好相處。

第三節　與青春期的孩子溝通

不少父母都很納悶，爲什麼孩子一進入青春期，就從天眞活潑的「小可愛」，變成難以捉摸的「小炸彈」，常常莫名其妙的生悶氣？或是變得暴躁易怒，讓父母一個頭兩個大，不知如何是好？

如果爲人父母者有類似的感受，就表示孩子正朝著「獨立」之路邁進。這個時候，若能靜下來回想自己的青春歲月，就不難理

解，孩子的情緒何以會如此動盪不安。相較於兒童階段，青少年的生活圈子越來越大，人際交往越來越廣，感情發展也日益豐富，導致過去的學習經驗已不敷使用。再加上，青少年的身心同時面臨「不等速」、「不均衡」的劇烈變化，更讓情緒經常陷於緊張衝突的狀態下，時而感性，時而壓抑，時而剛烈，時而高亢，時而暴怒，由於缺乏因應之道，青少年往往會採用極端的方式來宣洩情緒，完全無視父母的感受。

雖然父母不習慣面對孩子的情緒，但事實上，情緒是我們重要的「警報系統」，提醒我們「事情不妙了！」，要提高警覺注意周遭的環境和感覺。譬如說，正向的情緒可以增進思考力，有助於解決問題；而負向的情緒則能夠自我保護，讓我們學會控制自己，認識自我不同的面向。

所以，青春期可說是孩子學習情緒管理的關鍵階段，父母不妨主動扮演孩子的「情緒教練」，帶領孩子覺察情緒的狀態與轉變，並且練習表達情緒的技巧，適時說出內心的需求，才不會凡事悶在心裡，讓父母猜不透摸不著，只能在旁邊乾著急。

一、瞭解青少年情緒特性

想當個稱職的「情緒教練」，父母首先要瞭解青少年的情緒特性。一般來說，青少年最容易出現下面這幾種情緒：

(一)害怕

青少年最怕被人批評、被人輕視，尤其是當自己的「害怕」被別人發現又加以嘲笑時，殺傷力最強。這是因為青少年渴望長大，偏偏自己卻會「怕東怕西」，實在太不酷了。

(二)羞愧

緊跟在「害怕」後面的情緒，則是羞愧感，青少年最討厭「丟臉」和「糗大了」的感覺，甚至有青少年會因為覺得「無地自容」而想不開。倘若，父母不瞭解青少年的情緒特性，當著同學、朋友的面責罵孩子，結果非但無法使孩子乖乖聽話，反而會引發孩子強烈的羞愧感。

再者，對自己負面的看法與自輕的感受，也會形成羞愧感，青少年常會在心中痛罵自己：「我真是笨！」「我好無能！」「我好遜！」羞愧感會讓青少年以為全世界的人都瞧不起他們，想像別人會怎麼嘲笑自己，為了消除羞愧難堪的感覺，他們寧願逃離人群也不願意面對。

(三)憤怒

幾乎大部分的青少年都有過鬧彆扭、頂撞師長、跟兄弟姊妹爭執的情況，特別是當行動受到限制，或是被人欺騙時，更會產生「報復式」怒氣，採取不合作的態度來對抗周遭的人。

看到孩子暴躁易怒，很多父母會擔心孩子行為偏差，深怕孩子變壞，或難以相處，其實不用太憂慮，隨著經驗增加，孩子的怒氣就會漸漸消失，又會再度展露笑容。

(四)憂鬱

青少年對同學朋友的依賴性很強，這時若失去朋友，或自覺不被家人同學尊重，或沒有被愛的感覺，容易陷入孤單的情緒中，久而久之就會變得憂鬱和悲傷。

還有些青少年因無法達成父母師長的期待，或是自律性不夠達不到目標，亦會有沮喪無助的感覺，累積久了，便會造成青少年的絕望感。

137

二、學習情緒表達的技巧

只要父母懂得青少年的情緒特質，接下來就可以輕鬆的跟孩子相處。這裡提供幾個簡單的方法和步驟，能夠有效協助父母處理孩子情緒。

第一步，覺察自己跟孩子的情緒，不管再微小的情緒都要注意。

第二步，把孩子的情緒反應，當成雙方學習的最佳機會，而不要試圖阻止或壓抑孩子的情緒。通常父母對孩子的強烈反應，會感到生氣或受到威脅，因此會用防衛的方法來面對孩子，這樣就失去跟孩子接近的大好時機。

第三步，先確認孩子情緒，再同理他的感受。例如，當父母限制孩子玩線上遊戲時，大部分的孩子都會生氣，這時父母可以同理孩子的感受：「我瞭解你對我限制你玩遊戲感到生氣。」這樣說可以跟孩子的情緒產生連結，同時確認孩子的生氣情緒。

第四步，引領孩子說出情緒、感受和想法。學習用「我訊息」來表達情緒，而不是聚焦在責備批評和糾正行為，如當孩子惹父母生氣時，可以說：「我很生氣」，但不要說：「你沒救了！」「你惡劣透了！」父母不妨先表達自己情緒，再說明對孩子的關心，進而讓孩子願意把真正的感受告訴父母。

第五步，陪伴孩子一起面對問題，解決困難，並且共同訂定行為的界限，找到處理負向情緒的方法，像跟孩子討論：「碰到這種情境可以怎麼預防？」逐步讓孩子學會因應生活中的大小挑戰，提升孩子的情緒智商。

三、破壞親子溝通的障礙

父母為了證明自己有權糾正孩子的言行舉止，常常會在溝通的時候，習慣先數落孩子的個性，譬如說：「沒見過比你更懶散邋遢的人」，或是批評孩子：「你天生就好吃懶做。」通常孩子非但不會「改邪歸正」，反而會認為：「我這麼差勁，還不是你生的。」

(一)自以為瞭解孩子的行為動機

有些人誤以為「心理學」是用來分析孩子的行為，其實不然，沒有人喜歡被別人看穿，更厭惡「逃不出如來佛手掌心」的感覺，因此，最好不要自以為瞭解孩子的說：「我知道你這樣做是故意氣我。」事實上，看懂孩子行為模式的目的，是協助父母同理孩子的感受和想法，而不是用來證明「很懂孩子」，這樣會讓孩子產生反抗心理，有礙溝通的進行。

(二)話裡暗藏「指責」

有些說話模式，聽起來好像沒有在責罵孩子，卻會讓聽者覺得很不舒服，如：「你從來都沒有替我想過……」、「我是個失敗沒用的媽媽」，父母說得滿腹委屈，孩子聽得怒火中燒，越聽越不是滋味。

(三)命令對方去做事情

凡是用「指使」的語氣請孩子做事情都算「命令」，像「去超市幫我賣東西」、「我口渴了，去倒杯水給我喝」，被迫接受「命令」，很容易讓孩子湧現不滿的情緒，自覺「低人一等」。

這個時候只要換個說法，馬上能轉變孩子的感受：「我現在走不開，你有空嗎？可以幫我去超商買個東西嗎？」兩種說法最大的

差別就在「尊重孩子的感覺和意願」，溝通時若忽略「禮貌」和「尊重」，就會事倍功半，達不到預期的效果。

(四)喜歡說教

根據我的側面觀察，很多父母都超愛說教，喜歡用專家的口吻告訴孩子怎麼做才對：「你應該更積極一點」、「你應該更努力一點」。

很多父母都想不通，自己這麼努力教導，怎麼孩子都「聽不進去」，這是因為「說教」基本上就「否定」孩子的能力，不相信孩子能夠做好，才會一廂情願教個沒完沒了。

(五)扮演「預言家」的角色

不少父母還愛扮演「預言家」的角色，無論孩子發生什麼事情，就立刻跳出來說：「看吧，我早就告訴過你會有這種狀況。」或是懊惱的說：「你要是早聽我的話，就不會出錯了。」聽到父母的「預言」，大部分孩子都不會太開心，誰喜歡被人「看衰」，所以，即使父母的「預言」準確率很高，還是要給孩子覺察的空間，不妨陪伴孩子一起看看：哪裡出了狀況？以後可以如何改善？這樣孩子反而會感謝父母「陪伴他走過難關」。

(六)威脅警告對方

為了控制孩子的行為，有些人父母會用威脅的方式，警告孩子「不聽話」會遭遇什麼不良後果，例如不少父母喜歡警告孩子：「不聽我的話，就是不孝的孩子。」

通常習慣用威脅控制孩子的父母，多少都有過「成功經驗」，一旦覺得這招很有用，下次碰到相同的情境，就會忍不住威脅孩子，而且「小威脅」會慢慢變成「大威脅」，讓孩子心生恐懼後，

再利用孩子的「害怕心理」，來達到目的。短時間這種方法好像很有效，但卻會阻斷長期的感情發展，等將來孩子長大了，便會想辦法脫離父母的控制。

(七)連續提出太多問題

溝通的時候，一口氣提出太多問題，尤其是讓對方回答「是」或「不是」的問題，往往會讓對方感覺「被審問」，而不想再多說。譬如連續問對方：「你是不是心情沮喪？」、「你要不要出去走一走？」、「想不想吃點東西？」即使父母是基於關心，也會讓孩子因為被問煩了，乾脆關閉溝通的大門。

發現對方話很少時，與其連續提問，不如放慢速度，慢慢跟對方聊天，多給對方一點思考和喘息的時間。

(八)給對方建議和答案

溝通不是爭對錯，而是滿足心理需求，倘若需求滿足不了，那無論給任何建議，對方大概都聽不進去，更何況有些建議還會引發情緒反彈，譬如：「這個問題很簡單，這樣做就好了。」原本是想協助對方解決問題，不料孩子卻解讀成「這麼笨，如此簡單的問題也不會做。」讓給建議的父母大嘆：「做人真難，好心沒好報。」

(九)不斷保證沒事

「放心，有我在，保證不會有事的。」這句話是不是很熟悉？很多時候，為了使孩子安心，父母會做出超過自己能力範圍的承諾，結果萬一事與願違，「保證沒事」之後還是「發生問題」，那就無法跟孩子交代了，所以，溝通時不要意圖「粉飾太平」，表面上是安慰孩子，實際上是安慰自己。

141

(十)轉向安慰，模糊焦點

臨床觀察發現，很多父母講不下去，或不知道要說什麼的時候，常會轉向安慰孩子：「別想那麼多，事情總會過去的。」或是舉更悲慘的例子試圖激勵孩子：「世界上比你倒楣的人更多，你的際遇還算幸運。」平心而論，這種安慰法只會讓孩子更難過，認為父母忽略自己問題的重要性。

(十一)過於理性，缺乏同理心

再次強調，溝通並不是「講道理」，太過理性，會讓對方覺得「缺乏人性」，不瞭解他的苦處，接收不到他的感受，因此，溝通時千萬不要長篇大論講道理，越講對方心情越壞，最好多點耐性聆聽對方話中蘊含的「情緒」，只有理解對方，才能做出好的反應。

(十二)重心放在「接著要講什麼」，卻沒用心聆聽孩子說話的內容

溝通最容易引發情緒的狀況，就是其中一方「有聽沒有到」，一般而言，「沒聽到對方說話內容」有下面幾種情形：

第一種狀況算是「情有可原」，因為「聽話的速度」比「說話的速度」快四倍，所以聽別人講話時，還有很多時間可以想其他的事情，若不自覺流露出「心不在焉」的樣子，就會讓對方認為「根本不用心聽」，進而氣到不想再溝通。

第二種狀況是「選擇性聆聽」，刻意拒聽自己「沒興趣」、「聽不懂」的內容。幾乎每次演講都會碰到一到兩個這類型的聽眾，只要內容不符合他們的意，就自動關閉聽覺。可想而知，這類型人在親密關係中，常會給人冷漠、難溝通的印象，偏偏他們「一點感覺都沒有」，甚至會怪罪別人「何必那麼嚴格」、「幹嘛吃飽沒事要溝通」。

　　第三種狀況是「假性溝通」，外表擺出「認真聆聽」的樣子，但實際上「沒有掌握重點」，等事後對方詢問溝通內容時「一問三不知」，自然會感到不高興。

　　第四種狀況是「太過焦慮」，溝通時重心都放在「思考等下要講什麼」、「如何回應對方」，而沒仔細聆聽對方的話。

　　第五種狀況是「急著反駁」，對方還沒講完話，便急著打斷對方，讓對方產生強烈的挫折感。

　　所以，溝通時最重要的，就是確實做到「聽到」、「聽完」、「聽懂」，這樣不只能夠建立互信的溝通關係，更可安撫對方的情緒。

問題與討論

1.常見的親子溝通狀況有哪些？

2.當父母不瞭解孩子的情緒狀況時，容易形成哪些溝通議題？

3.與不同年齡孩子的溝通要點？

4.常見的親子溝通障礙有哪些？

5.父母如何當孩子的情緒溝通教練？

參 考 書 目

林萃芬（2008）。《從情人言行洞知他的心》。臺北：方智。

林翠湄、黃俊豪等譯（2006）。《發展心理學》。臺北：學富文化事業
　　公司。（原書David R. Shaffer）

鍾瑞麗、曾瓊蓉譯（2006）。《情緒焦點治療》。臺北：天馬文化事業
　　公司。（原書Leslie S. Greenberg [2002].）

林彥妤、郭利百加等譯（1991）。《心理衛生》。臺北：桂冠圖書。
　　（原書V. J. Derlega, L. H. Janda）

第三篇　社會篇

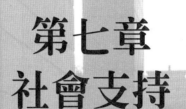

第七章
社會支持

張惠蓉

摘要

　　本章分為四個部分討論社會支持，首先討論社會支持的起源與定義，接下來討論社會支持的尋求策略。繼之，由於不同的人生遭遇會需要不同類型的社會支持，所以將以「壓力與社會支持的最佳配對理論」為主，討論社會支持的類型。最後，由於網路已經是多數人生活中的一部分，而透過網際網路尋求或提供社會支持已是一個很普遍的現象。所以，本章最後將討論線上社會支持的特色，及其與尋求策略、支持類型等相關研究。

　　事實上，一個沒有任何支持性關係的人生實在是令人無法想像（Indeed, a life without any supportive relationships is virtually unthinkable.）。

　　引自Albrecht, Burleson，與Goldsmith, 1994: 419。

第一節 緒 論

社會支持（social support）是人際溝通的一種類型。每個人的一生中都會經歷很多需要他人協助與支持的時刻，例如失戀、與家人好友衝突、課業工作壓力、生病、或是其他各種悲歡離合的遭遇時，我們需要一雙無形的手拍拍我們的肩膀，作我們的支柱；因此，我們除了是尋求社會支持的接收者（或是苦惱者，support receiver）外，我們經常也扮演著給予他人社會支持的提供者角色（或是幫助者，support provider/helper）。這樣子奠基於社會支持所進行的人際互動，協助我們治療創傷、面對壓力、抵抗疾病、解決衝突，增強心裡及生理上對環境的適應力，讓我們的人生活得更為充實健康（Albrecht, Burleson, & Goldsmith, 1994）。因此，本章將針對此種重要的人際溝通類型進行瞭解與討論。

以下，本章將分為四個部分討論社會支持，首先追本溯源，討論社會支持這個概念的起源與定義，接下來以Barbee和她的同事們（Barbee & Cunningham, 1995; Barbee, Rowatt, & Cunningham, 1998）所發展的尋求社會支持模型為主，討論社會支持的尋求策略。繼之，由於不同的人生遭遇會需要不同類型的社會支持，所以將以Cutrona等學者（Cutrona & Russell, 1990; Cutrona & Suhr, 1992）所提出的「壓力與社會支持的最佳配對理論」為主，討論社會支持的類型。最後，根據資策會的調查資料顯示，截至2008年12月底為止，我國經常上網人口高達1,046萬人，網際網路連網應用普及率為45%，接近總人口數的一半，因此網路已經是多數人生活中的一部分，而透過網際網路尋求或提供社會支持已是一個很普遍的現象（何玟樺，2006）。所以，本章最後將討論線上社會支持的特色，及其與尋求策略、支持類型等相關研究。

第二節 起源與定義

　　社會支持概念的發展可追溯至19世紀時，英國和法國的人口學家從人口統計資料歸納出「婚姻是一個健康促進的機制」的論述（Burleson & MacGeorge, 2002: 376），這句話隱含的意思是當個人與他人產生連結關係時，會有助於個人的健康狀態。其後，Durkheim（1897），在他的經典著作「自殺論」中，提到在工業化的社會中，個人的社會連結網絡會逐漸減少，若個人與這個社會沒有任何連結關係，亦即當個人完全孤立時，個人會傾向於自殺。因此個人的社會網絡連結與和他們的健康狀態之間的關係，自此確立成為社會支持的核心概念。

　　後來，遲至1970年代後期，傳染病學家開始記錄社會連結與健康之間的關聯性時，社會支持才又開始被較為認真的看待與研究。當時，較為著名的研究是加州Alameda郡長達9年的研究，研究的主要目的是要建立個人的社會網絡型態與死亡率之間的實證關聯性，雖然這個研究事後引起一些爭議，但也開始引發了各個學門的學者開始探索社會支持的定義（Albrecht, Burleson, & Goldsmith, 1994）。其中，Moss（1973）在研究個人健康與社會整合之間關聯性後指出，個人主要從他的人際網絡中學習價值觀及社會規範，並且定義社會支持為個人「主觀上對於歸屬、被接受、被愛、被需要的感覺」（頁237，轉引自Burleson & MacGeorge, 2002）。Cobb（1976：300）也定義社會支持為「讓個人相信受到關照的資訊」。Caplan（1974）則是強調個人支持網絡中關係的型態（例如婚姻、家人、同事、鄰居、師生……等），他在社區心理健康（community mental health）與個人支持系統（support systems）的研究中以師生關係為例，指出老師與學生之間應建立緊密的溝通網絡，以便預備學生發生任何不在預期中的事件。同時，Caplan也明確討論了社會

支持的內容，當個人的重要連結對象（significant others）「協助處理個人的心理狀況、掌握個人的情緒負擔、分擔個人的工作內容、和提供個人錢財、物資、工具、技巧、以及心理諮商以幫助個人渡過難關」（Caplan, 1974: 7，轉引自Burleson & MacGeorge, 2002）。

上述這些學者的論述也形成了探討社會支持的兩大取向：社會（the sociological perspective）與心理（the psychological perspective）。前者強調個人與社會網絡的整合性（social integration）與個人健康之間的關聯性；後者則強調個人認知上是否他人有提供適切的支持行為（或支持關係），及其與個人健康之間的關聯性。其後，至1980年代中期左右，另外一個研究社會支持的取向產生，那就是強調社會支持中的人際互動與訊息交換的傳播取向（the communication perspective）。

傳播學者們認為社會支持是「接收者和提供者之間的口語和非語言的傳播／溝通」（Albrecht & Adelman, 1987: 19）。他們（Burleson & MacGeorge, 2002）提出五個以傳播取向研究社會支持的理由：第一、社會支持的本質就是人際溝通。過去的社會與心理取向對社會支持的討論也直接或間接的指出了溝通的重要性。第二、人際溝通與個人健康有直接關係。過去的社會與心理取向雖間接強調個人需整合到社會網絡、或是認知到社會支持的存在，才能促進健康，但並未直接探討何種溝通行為會促進社會整合或是增強/減弱認知。第三、傳播取向強調社會支持協助者有意的回應（helper's intentional responses）與接受者之間的關係。過去的社會取向雖指出社會整合是人際角色及人際關係展延的結果，卻未明確指出這樣的社會整合是否為人際互動間有意的製造物，或是針對某些壓力源而引起的回應；同樣的心理學取向所宣稱的個人認知上他人是否給予社會支持，也只是可能奠基在二人過去的互動關係，並未明確指出當下所處的壓力情境，或者是社會支持提供者如何回覆

此壓力源。

　　第四、愈多的社會支持不見得帶來愈好的個人健康狀態。過去的社會與心理取向較強調社會支持愈多，個人會愈健康。然而有些實證研究指出過多的社會支持會帶來些負面效應，例如造成接受者的依賴性，而使得恢復延遲、病情加劇、加強對自身無能的負面自我形象的認定、或是增加不確定等（Albrecht, Burleson, & Goldsmith, 1994）。因此傳播取向強調並非社會支持提供者所說每句話，或作的每件事都有同樣的效果。不同類型的社會支持內容會有不同的效果。第五、人際互動與目標取向。過去的社會與心理取向較強調社會支持與個人身體及心理上的關聯性，傳播取向則強調社會支持提供者與接受者之間的互動關係，並探討當下的社會支持目標是否達成（例如一位因為失戀而心情低落、嚎啕大哭的人，是否因為你的社會支持而心情平復、破涕為笑）。

　　因此，綜合而言，傳播取向將社會支持定義為「提供者與接收者之間的語言與非語言的溝通，而這些溝通會降低對當下情境、自我、他人或互動關係間的不確定性；同時社會支持的功能是增強個人對可以控制情境的認知」（Albrecht & Adelman, 1987: 19）。

　　關於社會支持的互動關係，學者們整理出四個階段：尋求社會支持（support activation target）、提供社會支持（support provision by a helper）、尋求社會支持者的反應（support receipt and accompanying reactions by the target）、以及提供社會支持者對尋求社會支持者的反應的回應（responses to the target's reaction by the helper）（Burleson & MacGeorge, 2002）。

　　以下，本章將從如何尋求社會支持開始談起。

第三節 尋求社會支持

一般說來，個人碰到困擾時，會與可能提供幫忙的對象進行一連串的對話，這種對話類型稱為「苦惱者談話」（troubles talk），亦即與談者「在對話中將苦惱告知他人」（Goldsmith, 2004: 4）。也就是在此苦惱者談話中，個人開始尋求他人的社會支持。

為了瞭解個人在人際互動中如何尋求社會支持，Barbee與他的同事們（Barbee & Cunningham, 1995; Barbee et al., 1998）發展了一個尋求社會支持的策略類型，這個策略類型是「敏感互動系統理論」（sensitive interaction system theory，簡稱SIST）的一部分。SIST的基本論點為人際關係的維持與互動經常是很微妙且脆弱的，各種個人內在情緒及外在環境的因素都會影響兩人間的互動關係，SIST的設計即是反映出互動雙方的內在情緒，特別是在較為親近關係的兩人之間（close relationships），在尋求與提供社會支持的過程中微妙的人際互動。根據SIST的論述，社會支持尋求者的策略可用兩個面向說明：直接或間接，以及語言或非語言（見表7-1）。直接的尋求策略可以用語言陳述，例如向他人陳述自身問題（我失戀了，我被當了）、或與他人詳細剖述自身問題（例如考試焦慮，可詳細談從何時開始有此問題，焦慮時的症狀、如何處理焦慮、焦慮對個人人際關係的影響……等）。直接的尋求策略也可以用非語言表達，也就是哭，或其他表達苦惱的非語言動作，例如以哀傷的眼神凝視對方、或直接將頭低垂至對方身上。這些非語言動作的使用都希望直接促使對方安慰你，或幫你解決問題。

相對於直接策略，間接的尋求策略則較為委婉。社會支持尋求者可用抱怨或是暗示的方式提醒對方提供適當援助。這兩種方式都是讓對方知道問題的存在，卻不直接求助。例如你因為家庭經濟狀

況突有變故，身兼多份工作賺取學費，以致於沒辦法花太多時間準
備期末小組報告，你可以向同學暗示你累到好幾天沒睡，也可以向
同學抱怨為何自己如此不幸，碰到這波全球性的不景氣，衝擊到家
中經濟。

❀表7-1　SIST社會支持尋求策略*

	直接	間接
語言	陳述（Ask）	暗示 抱怨
非語言	哭	嘆氣 悲傷 坐立難安

*轉引自Barbee et al., 1998: p. 283，表格呈現方式略經修正

　　而這些不同策略的使用會得到社會支持的提供者何種回應呢？
SIST預測苦惱者若使用直接的尋求策略，則提供者較會試圖解決
問題（solve）或給予安慰（solace）；而苦惱者若使用間接的尋求
策略，則提供者較會輕忽（dismiss）或逃避（escape）苦惱者的問
題（Gulley, 1993，轉引自Barbee et al., 1998）。因為人際互動的雙
方易於展現所謂「同步性行為」（a synchronized way），也就是
「人際互動的過程中，一方的言行舉止會導引出另一方一種交互式
（reciprocal）的行為」（Barbee et al., 1998: 286-7）。因此，若是社
會支持尋求者直接提出需求，社會支持的提供者較會同步的、交互
式的提出協助；反之，若是社會支持尋求者不願直接指出問題之所
在，社會支持的提供者也會同步的、交互式的試圖逃避或輕忽此問
題。

　　後來，Barbee與他的同事們（Derlega, Winstead, Oldfield III, and
Barbee, 2003）以SIST為基礎，研究125位罹患HIV的病人向朋友、
親密伙伴及父母尋求社會支持的策略。研究結果顯示社會支持的尋

求者與提供者之間展示了一些同步性行為，然而二者之間的關係類型也會影響同步行為的展現。他們發現罹患HIV的病人若使用直接的陳述的策略，朋友、親密伙伴與父母較傾向使用解決問題或給予安慰的回應方式；然而哭的策略則只對朋友有用，對親密伙伴則有反效果。而罹患HIV的病人若使用間接的嘆息策略，親密伙伴與父母則傾向輕忽或逃避。另外，一個較為有趣且意外的發現是罹患HIV的病人若對父母使用間接的暗示策略，父母反而會傾向解決問題；若對親密伙伴使用暗示策略，親密伙伴雖不會直接解決問題，但也絕對不會輕忽或逃避他們的問題。學者們認為在面對較為困難的人際需求時（例如父母與親密伙伴）時，對父母使用暗示策略可獲得有用的社會支持，對親密伙伴使用則可降低親密伙伴提供無用的社會支持的機率。

除了同步性之外，SIST也提出社會支持尋求者是否能控制自身情緒（controllability of emotions），也會影響社會支持提供者的採取解決問題或是逃避的取向。若是社會支持尋求者使用直接的策略，相較於間接策略，會予人一種較能控制自身情緒的感覺，因而社會支持提供者也較會採取解決問題的方式。同時，在非語言的使用部分，與上述論證相似，若社會支持尋求者使用直接的非語言策略，社會支持提供者也較會採取解決問題的取向。

看完了社會支持尋求者的策略以及社會支持提供者的回覆方式之後，我們接下來討論社會支持的內容—社會支持類型。

第四節 社會支持類型

人的一生中會經歷各種大小事宜，我們需要社會支持協助我們面對壓力，渡過難關。既然人生會面對不同的問題，帶來各種的壓力，那麼是不是某些類型的社會支持特別適合處理某種壓力呢？

Cutrona等學者（Cutrona & Russell, 1990; Cutrona & Suhr, 1992）提出這個觀察，並展開這個議題的研究，他們發展所謂的「壓力與社會支持的最佳配對理論」（A Theory of Optimal Matching），認為若能適切的將社會支持類型與壓力配對，那麼社會支持的效果會更好。他們定義壓力是「個人與環境之間的關係，當個人認知到自身價值觀受到挑戰、威脅、或傷害，並判斷他／她的資源會受到情勢的影響而有損失」（Cutrona & Russell, 1990:324），而評估壓力與不同類型社會支持配對的主要面向有二：事件的可控制性、事件類別。雖然這個壓力與社會支持的最佳配對理論，後來有遭到過度減化社會支持互動過程的批評（Burleson & MacGeorge, 2002），但由於他們所整理的社會支持類型是經常被使用的分析架構，所以，以下，我們先看Cutrona 等學者在檢閱相關文獻後，所整理出的五大社會支持類型（Cutrona & Suhr, 1992: 161）。

一、資訊支持（informational support）

資訊支持的訊息內容包含四類：第一、建議/忠告：指的是提供意見或建議。例如，你可以先看一些自助旅遊的書籍，瞭解需要注意及準備何種資訊；第二、引薦（referral）：指的是推薦社會支持尋求者其他求助管道。例如，你也可以找藍教授談金融危機的問題，他是這方面的專家；第三、評估情勢：指的是協助尋求者瞭解認清所處情勢。例如，你目前雖有兩科死當，但若能認真拼拼其他幾科，應該可以逃過二一的危機；第四、教導（teaching）：指的是對尋求者所處情勢提供詳細的資訊、事實、消息或教導尋求者所需的技能（skills）以度過難關。例如，協助求職者準備面試，搜尋所應徵企業的資料，可能的主考官人選，準備可能問題，模擬面試場景等。

155

二、實質支持（tangible support）

實質支持的訊息內容包含五類：第一、借貸（loan）：指的是借給社會支持尋求者實際的物品（例如，金錢、食物、書）和服務（例如，影印、搭便車）；第二、直接承擔工作（direct task）：指的是幫社會支持尋求者執行職務。例如，我幫你準備明天上課口頭報告要用的投影片；第三、間接承擔工作（indirect task）：指的是幫社會支持尋求者執行其他職務，以便讓他專心處理當下所面對的壓力事件。例如，你專心處理家中喪事吧，我會代理你的職務；第四、主動參與（active participation）：指的是提供者主動參與社會支持尋求者所處的事件，以降低壓力。例如，我加入你慈善募款的行列吧，希望能趕快達到募款目標；第五、表達意願（willingness）：指的是表達協助的意願。例如，我可以陪你熬夜趕作業。

三、自尊支持（esteem support）

自尊支持的訊息內容包含三類：第一、讚美：指的是向社會支持尋求者表達正面言詞或是強調其能力。例如，你的口齒清晰，一定可以在面試時表現很好；第二、確認（validation）：指的是表達與尋求者對壓力事件有相同的看法。例如，我認為你該作你自己，盡快向父母親表達要繼續深造，不願繼承家業的想法；第三、免於責難（relief of blame）：指的是減低或消除尋求者對壓力事件的罪惡感。例如，父母親在大陸工作，你本來就該擔起家長的責任，痛斥吃喝懶惰的弟妹。

四、網絡支持（network support）

網絡支持的訊息內容包含三類：第一、接近（access）：指的是提供尋求者新的連結關係。例如，我介紹一位新朋友給你認識；第二、臨場感（presence）：指的是願意花時間陪伴尋求者。例如，我會陪在你身邊，與你一起度過難關；第三、陪伴感（companions）：指的是提醒尋求者尚有許多與他同樣經歷或是同病相憐的人。例如，我的一位好友也被憂鬱症困擾多年。

五、情感支持（emotional support）

情感支持的訊息內容包含八類：第一、連結（relationship）：指的是強調社會支持提供者與尋求者之間的親密連結關係。例如，作為你的好友，永遠支持你；第二、肢體親密（physical affection）：指的是用肢體語言表達關心。例如關愛的眼神、擁抱、親吻、緊握對方雙手、拍肩膀等讓對方感到窩心的動作；第三、保密（confidentiality）：指的是保證不將所聽到的事件洩露出去。例如，你放心，我絕對不會將你的家醜外揚；第四、同情（sympathy）：指的是對事件表達悲傷或是遺憾之意。例如，我真的很替你難過，陪伴在你身邊整整10年的花貓，居然走了；第五、傾聽（listening）：指的是專注認真傾聽社會支持尋求者的談話內容；第六、瞭解／同理心（understanding/empathy）：指的是對社會支持尋求者的遭遇表達瞭解之意，或是自我揭露與尋求者的遭遇相似的個人經歷以表達充分瞭解及同理心。例如，我過去與情人分手後，也走過了一段飲食無味、生活無趣、行屍走肉的日子；第七、鼓勵：指的是傳達希望與信心給社會支持的尋求者。例如，世界無限寬廣、路無限廣大，你還年輕，一次研究所考試失利，並不代表

157

你的人生失敗；第八、禱告：指的是與尋求者一同爲所面對的壓力事件禱告。例如，讓我們一起爲你爺爺明天的手術禱告。

　　而如何將這五種社會支持類型與不同壓力配對，以獲得最大的社會支持效果呢？Cutrona等學者認爲需依據衡量壓力的兩個主要面向，再提供適當的社會支持類型。這兩個面向如前所述是：事件的可控制性、事件類別。首先，可控制的事件指的是「個人可以完成預設目標、預防意外的損失、或是降低損失所帶來的嚴重後果」（Cutrona & Russell, 1990:326），這類的事件例如工作壓力、婚姻、照顧年邁雙親、離婚等；而不可控制的事件則像是裁員、降職、意外的喪失親人、家裡遭小偷等。Cutrona 等學者認爲傳達情感、陪伴、憐憫及同理心的情感或網絡支持適合用於處理不可控制事件；實質支持可用於處理不可控制事件，因爲實質支持所提供的錢財、物資可用於塡補不可控制事件中的損失；資訊支持則適用於可控制事件，因爲可協助預防或解決問題。而無論壓力事件的可控制程度，自尊支持都可協助尋求者以正面積極的態度處理問題。

　　其次，第二個衡量壓力的面向爲事件類別（life domain）。Cutrona與Russell（1990）將人生可遇到的壓力事件分爲四類：資產（assets）、關係（relationships）、成就（achievement）、以及社會角色（social roles）。資產包含所有物資錢財、個人健康及對於渴望物質的接近權；關係包含所有類型人際關係（家人、朋友、同學）的挑戰（例如喪偶、失怙、結婚、離婚）；成就包含涉及名位、評鑑、競爭的事件（例如裁員、降職、升遷、工作壓力）；社會角色包含任何社會角色的改變（例如退休、當官、初爲人父母）。Cutrona 等學者認爲提供錢財物資的的實質支持適合用於處理資產類事件，因爲實質支持可提供有形的物質以塡補損失；情感與網絡支持可用於處理關係類事件，因爲情感與陪伴的支持可塡補人際關係的失落；自尊支持則適用於處理成就事件，因爲在爭奪競爭的過程

中，我們更需要肯定自我的價值；而社會角色的改變則需要網絡的支持，因為網路的支持提醒你還是這個世界的一部分。

後來，也有學者認為在提供社會支持時，不同類型的社會支持有其使用順序。Feng（2009）針對資訊性支持類型的給予意見（advice）進行研究，發展給予意見時的社會支持模型。Feng的模型包含三項「行動」：情感支持、問題的調查分析和給予意見。她認為在給予意見前，應先提供情感支持及瞭解問題。而撫慰苦惱者的情感支持應排在第一位，所以在提供意見的支持型態時，應先提供情感支持，繼之分析問題，然後才給予意見。Feng以752個美國中西部和美國西岸大學的學生為研究對象，研究結果支持他的論點。換句話說，如果先提供情緒上的支持再進行問題的調查和分析，提供意見型態的社會支持會更為有效。

第五節　線上社會支持

參與線上社會支持（computer-mediated social support，簡稱CMSS）已經是目前相當普遍和頻繁的人際溝通活動，同時CMSS的團體仍然在穩定的增加中（Shaw, Hawkins, McTavish, Pingree, & Gustafson, 2006）。事實上，電腦中介的環境早已被譽為比面對面是更為優越及更為成功的傳遞社會支持的溝通媒介（Robinson & Turner, 2003; Walther & Parks, 2002）。

一、特色

綜合而言，線上社會支持有以下幾項特色（張惠蓉、何玟樺、和黃倩茹，2006）：

第一、線上社會支持擴展了個人的人際網絡。網際網路的環境

159

突破地理的藩籬、不受時間的限制，因此提供社會支持的尋求者與協助者更為廣闊的人際資源。社會支持的尋求者可隨時隨地上網求助，而認識或不認識的人都可能提供援助。這些更多的人際選擇也使得社會支持的尋求者，可能會碰到更多的專業人士提供對症下藥的社會支持。過去的研究也指出個人上網的時間越長，會感受到越多的社會支持（Shaw & Gant, 2002）。Miyata與Kobayashi（2008）對日本網路使用者的研究發現，個人的email使用越多，他的社會連結也越多。Xie（2008）對中國參與「老小子網」（OldKids）的老人們的研究也指出，越常使用網路上溝通媒介（聲音聊天室、線上論壇、即時通訊）的老人們，越常感受到社會支持。

第二、線上社會支持提供了匿名的空間。網際網路的環境可讓社會支持的尋求者隱藏其真實身份，以匿名的方式討論自己的問題。因此社會支持的尋求者可以毫無顧忌地暢所欲言，宣洩一些不願意公開的情緒，或求助一些在人前不方便談的尷尬或敏感話題。

第三、CMSS團體的互動方式提供了較佳的互動管理系統。多數CMSS團體的互動方式是社會支持的尋求者在討論版上貼文，若是協助者回覆此貼文，如此一來一往有如會話般的溝通方式即構成了討論串。如此非同步性的環境使得無論是尋求者或是提供者都有較多的時間思考、閱讀、書寫及回覆貼文。Eichhorn（2008）也認為電腦中介環境所提供的非同步性的確有利於社會支持的互動，特別是對於生病的人而言。他觀察了一個線上飲食失調團體的社會支持互動關係，發現對於這類病人而言，非同步性提供了更容易而且更多的優點，因為「非同步性使得他們可以更為審慎的計劃，思考並且編輯貼文內容」（頁68）。

其次，CMSS團體的論壇通常都是依據討論主題分門別類，因此社會支持尋求者不但能根據分類很快找到所需資訊，並且可以選擇最符合個人需求的討論版，較容易滿足個人需求。

第四、以文字書寫爲主的CMSS互動型式提供了較好的社會支持效果。雖然這個論點仍未有一致的結果，但有研究顯示以語言或文字表達創傷的事件能對身體或心理的康復會造成較好的結果（Smyth, 1998）。因爲「透露創傷能夠降低心理上被禁止的情緒，增加個人瞭解和整合經驗的能力」（Salovey, Rothman, & Rodin, 1998；轉引自Shaw et al., 2006）。

二、尋求社會支持

　　如何在電腦中介的環境尋求社會支持呢？Chang（2009a）以Barbee和她的同事們（Barbee & Cunningham, 1995; Barbee, Rowatt, & Cunningham, 1998）所發展的尋求社會支持的策略類型爲分析架構，以臺灣的批踢踢實業坊（PTT）討論版作爲觀察對象，選擇站上的精神疾病版，觀察版上自2003年12月（可追溯的最早貼文）至2006年7月（研究觀察截止時間）的文章，從其中選擇以討論個人相關精神疾病的貼文內容爲分析資料。Chang將所有貼文內容分爲兩組，一組是有獲得回應的貼文（討論串組），一組是沒有獲得回應的貼文（孤立組），然後比較兩組貼文的社會支持尋求策略是否有所不同。研究結果顯示兩組的尋求策略確有不同，獲得回應的討論串組使用較多直接陳述、較少哭泣、較少使用暗示的尋求策略；相對的，孤立組的貼文則使用較多暗示、較多哭泣、較少使用直接陳述的尋求策略。同時，研究結果也顯示討論串組的貼文內容使用較多的非語言符號。

　　另外，除了Barbee等人的尋求策略之外，Eichhorn（2008）以五個在Yahoo！上最受歡迎的飲食失調支持團體爲研究對象，探討團體成員的尋求社會支持的策略。他歸納整理了五種策略：分享個人經驗（shared experiences）、直接請求資訊（requests

161

for information,）、自我貶抑（self-deprecating）、個人成功經驗
（statements of personal success）以及個人極端的行為（statements of
extreme behavior）。研究結果顯示飲食失調的患者最常在線上使用
分享個人經驗（51.9%），其次是直接請求資訊（25.4%）以獲得社
會支持。

▋ 三、社會支持類型

線上社會支持類型是否與面對面不同呢？張惠蓉等人（2008）
以Cutrona 等學者（Cutrona & Russell, 1990; Cutrona & Suhr, 1992）
所提出的五項社會支持的類型為分析架構，同樣的以臺灣的批踢
踢實業坊（PTT）討論版作為觀察對象，選擇站上的精神疾病版
（2003年12月至2006年7月）與整型美容版（2003年4月至2006年7
月）上的相關貼文內容進行分析，研究結果顯示兩版社會支持類型
的分布，均以資訊支持類型最多，但精神疾病版以單一資訊支持類
型最多（40.2%），而整型美容版則以混合資訊與網絡支持的類型最
多（41.4%）。同時，研究結果也顯示兩版上均未使用實質支持，
因為在電腦中介的環境中是無法交換實質的物資，而這樣的研究結
果也與過去的研究一致（Walther & Boyd, 2002）。另外，在社會
支持的互動中，兩版上都出現一定數量的表達感謝的貼文，因此在
CMSS的團體成員互動中，表達感謝是維持線上互動的一個重要溝
通內容（Chang, 2009b）。

另外，何玫樺（2006）從提供慰語訊息（comforting messages）
的角度出發，以臺灣的網路使用者為研究對象，探討電腦中介環境
下如何安慰社會支持尋求者，以降低或緩和對方的苦惱或壓力。研
究結果發現一個有效的慰語訊息最好包含社會支持提供者的自身經
驗，利用網路特質，使用有創意有趣的文字、符號或圖像，或利用

超連結的功能，這些都能增加社會支持的效果。

第六節　小　結

　　本章從社會支持的起源談起，探討它的定義及三大研究取向，然後討論尋求社會的策略，及提供社會支持的類型。最後，由於上網的普遍性，本章也探討了線上社會支持的特色，並討論相關尋求社會的策略及供社會支持的類型的相關研究。希望在閱讀之後，能對這個基本的人際溝通行為有基礎的認識。

問題與討論

1. 依據本章所討論的社會支持定義，記錄你一個禮拜內的社會支持行為。請記下發生的時間、地點、長度、你扮演的角色、苦惱者如何尋求社會支持以及社會支持的類型。看看自己一個禮拜的紀錄，有任何發現/心得/驚喜嗎？
2. 除了本章所提及的尋求策略（語言、非語言），你認為還有哪些呢？
3. 你認為線上及線下的尋求及提供社會支持互動的過程，有哪些差異呢？

163

進 階 閱 讀

Burleson, B.R., & MacGeorge, E.L. (2002). Supportive communication, in M.L. Knapp, & J.A. Daly (Eds.), Handbook of interpersonal communication (2nd), pp. 374-424. Thousand Oaks, CA: Sage.

張惠蓉、何玫樺、黃倩茹（2008）。〈線上社會支持類型探討：以PTT精神疾病版及整型美容版為例〉，《新聞學研究》，94：59-104。

參 考 書 目

一、中文部分

何玫樺（2006）。《電腦中介傳播環境下慰語訊息研究》。輔仁大學大眾傳播研究所碩士論文。

二、英文部分

Albrecht, T. L., Burleson, B. R., and Goldsmith, D. (1994). Supportive communication. In *Handbook of interpersonal communication*, M. L. Knapp and G. R. Miller (eds.), 419-449. Thousand Oaks, CA: Sage.

Albrecht, T. L., & Adelman, M. B. (1987). Communicating social support: A theoretical perspective, in T. L. Albrecht & M. B. Adelmen (Eds.), *Communicating social support*, pp. 18-39. Newbury Park, CA: Sage.

Barbee, A. P., and Cunningham, M. R. (1995). An experimental approach to social support communications: Interactive coping in close relationships. In *Communication yearbook 18*, B.R. Burleson (ed.), 381-413. Thousand Oaks, CA: Sage.

Barbee, A. P., Rowatt, T. L., and Cunningham, M. R. (1998). When a friend is in need: Feelings about seeking, giving, and receiving social support. In *Handbook of communication and emotion: Research, theory, application, and contexts*, P. A. Anderson and L. K.Guerrero (eds.), 281-301. San Diego, CA: Academic Press.

Caplan, G. (1974). *Support systems and community mental health*. New York: Behavioral Publications.

Chang, H. J. (2009a). Online social support: Which posts were answered? *Journal of Contemporary Eastern Asia*, 8 (1), 31-46. [On Line].

Available: http://www.eastasia.at/documents/contemporary.html/

Chang, H. J. (2009b). Online supportive interactions: Using a network approach to examine communication patterns within a psychosis social support group in Taiwan. *Journal of the American Society for Information Science and Technology*, 60(7), 1504-1517.

Cobb, S. (1976). Social support as a moderator of life stress, *Psychosomatic Medicine*, 38, 300-314.

Cutrona, C. E., & Russell, D. W. (1990). Types of social support and specific stress: Toward a theory of optimal matching, in B.R. Sarason, I.G. Sarason & G. R. Pierce, (eds.), *Social support: An interactional view*, pp. 319-366. New York: John Wiley.

Cutrona, C. E., & Suhr, J. A. (1992). Controllability of stressful events and satisfaction with spouse support behaviors, *Communication Research*, 19(2), 154-174.

Derlega, V. J., Winstead, B. A., Oldfield III, E. C., and Barbee, A. P. (2003). Close relationships and social support in coping with HIV: A test of sensitive interaction systems theory. *AIDS and Behavior, 7*(2), 119-129.

Durkheim, E. (1897). *The Emile Durkheim Archive*. URL (consulted Dec, 2005): http://durkheim.itgo.com/

Eichhorn, K. C. (2008). Soliciting and providing social support over the Internet: An investigation of online eating disorder support groups. *Journal of Computer-Mediated Communication, 14*, 67-78.

Feng, B. (2009). Testing an integrated model of advice giving in supportive interactions. *Human Communication Research*, 35(1), 115-129.

Goldsmith, D. J. (2004). *Communicating social support*. New York: Cambridge University Press.

Gulley, M. R. (1993). Sequential analysis of social support elicitation and

provision behaviors. Unpublished doctoral dissertation, University of Louisville, Kentucky.

Miyata, K., and Kobayashi, T. (2008). Causal relationship between Internet use and social capital in Japan. *Asian Journal of Social Psychology, 11*, 42-52.

Moss, G. E. (1973). *Illness, immunity, and social interaction.* New York: John Wiley.

Robinson, J. D., & Turner, J. (2003). Impersonal, interpersonal, and hyperpersonal social support: Cancer and older adults, *Health Communication*, 15(2), 227-234.

Shaw, L. H., and Gant, L. M. (2002). In defense of the internet: The relationship between internet communication and depression, loneliness, self-esteem, and perceived social support. *Cyberpsychology and Behavior* 5 (2): 157-171.

Shaw, B. R., Hawkins, R., McTavish, F., Pingree, S., & Gustafson, D. H. (2006). Effects of insightful disclosure within computer mediated support groups on women with breast cancer. *Health Communication*, 19(2), 133-142.

Salovey, P., Rothman, A. J., & Rodin, J. (1998). Health behavior. In D. T. Gilbert, S. T. Fiske, & L. Gardner (eds), *The handbook of social psychology* (vol. 2, 4th ed), pp. 633-683. Boston: McGraw-Hill.

Smyth, J. M. (1998). Written emotional expression: Effect sizes, outcome types, and moderating variables. *Journal of Consulting and Clinical Psychology*, 66, 174-184.

Walther, J. B., & Boyd, S. (2002). Attraction to computer-mediated social Support, in C.A. Lin & D. Atkin (eds.), *Communication technology and society: Audience adoption and uses*, pp. 153-188. Cresskill, NJ: Hampton Press.

Walther, J. B., & Parks, M. R. (2002). Cues filtered out, cues filtered in: Computer-mediated communication and relationships, in M. L. Knapp & G. R. Miller (Eds.), *Handbook of interpersonal communication* (2nd), pp. 529-563. Thousand Oaks, CA: Sage.

Xie, B. (2008). Multimodal computer-mediated communication and social support among older Chinese Internet users. *Journal of Computer-Mediated Communication, 13*, 728-750.

第八章
網路溝通

莊伯仲

摘要

　　本章第一節主要簡述電腦中介傳播概念，並援引「社會資訊處理觀點」、「兩級、多級傳播」與「意見領袖」，來說明網路中人際關係形成、存在、與訊息溝通的流動。也應用於理解現今熱門的網路口碑行銷，使讀者對於網路人際溝通有初步認識。

　　第二節則歸納「虛擬社群」和「認同」相關研究之重點概念，來說明網友在虛擬社群（例如網路論壇、BBS）當中的凝聚和交友，包括發展出真實人際友誼而產生網聚等線下人際關係延伸活動現象。

　　最後，第三節則以心理學中「自我揭露」角度，以及「觀展表演典範」來闡述因為Blog、Twitter、YouTube等個人化媒體的出現，使閱聽人不但是從媒體中去觀看別人，同時也成為藉由個人化媒體來展示演出的主角，進而達到人際溝通與自我認同的目的。

第一節　網路人際溝通的發展與傳播

一、電腦中介傳播

電腦中介傳播（computer mediated communication, CMC）的早期定義是指利用電腦來幫助人與人之間進行資訊交換或達成傳播的一種方式，隨著網際網路蓬勃發展，電腦中介傳播也可以說是一種以電腦網路為傳播媒介的溝通行為（陳怡臻，2006）。

學者Roger（1986）認為，電腦科技的發展使得我們可以透過電腦在短時間內將訊息傳送至另一部電腦上，使用電腦的雙方無須透過面對面接觸就能交換訊息，具有傳播的功能，這種透過電腦作為媒介的溝通方式便稱為電腦中介傳播（陳詩螢，2009）。

關於電腦中介傳播中的人際關係方面，陳怡臻（2006）指出透過以文字溝通為主的電腦中介傳播方式，雖然呈現較少的非語言線索，但人際關係依然存在，甚至包含情感層面在內。從「無名小站」Blog來看其中的人際關係形成，網友一開始先透過他人發表的文章認識Blogger，藉由文字敘述更瞭解作者，這樣關係的建立就跟面對面一樣。但面對面人際關係開始於雙方相處的空間與外表，必須以此為基礎才能進一步發展相似性或建立社群與自我揭露。網路人際關係的建立順序則相反，而是雙方先有互動，是否見面反而是更進一步發展後才會考慮。因此，當Blogger對造訪的網友產生吸引力時，會促使網友想進一步認識他的意願，進而透過文章回覆或留言等訊息的交換達到溝通並累積人際印象，因此產生相互依賴的深度人際關係。

但莊伯仲、林佳瑩（2005）回顧早期的電腦中介傳播研究結果發現，大多數學者認為閱聽人不容易從這樣的網路互動中而獲得人

際情感，並且認為電腦中介傳播是一種缺乏個人化、工具性的媒介，持這樣觀點的理論取徑包括社會臨場感理論（social presence theory）、社會情境線索缺乏的假說（lack of social context cues hypothesis）及媒介豐富理論（media richness theory），此三理論同時認為藉由電腦中介互動過程中，非語言線索會被忽略，也因此人際關係較不易建立。

這樣的理論觀點一直到 Walther（1992）提出「社會資訊處理觀點」（social information processing perspective）後，才漸漸改變大家過去對電腦中介傳播缺乏人際互動的印象。而後在不少學者的研究中證實，電腦中介傳播不只是有工作導向方面的訊息傳遞，在傳播的過程中也會出現情感或人際方面的互動溝通，並且與實體社會一樣有意見領袖、口碑傳播效果、社群認同等的存在，人際間情感的溝通與互動也成為電腦中介傳播領域中一個有趣且值得研究的角度。

二、社會資訊處理觀點（social information processing perspective）

以社會資訊處理觀點來看電腦中介傳播中人際關係的發展，Walther（1992）把電腦中介傳播視為是一個提供社會互動的場域，經由這些人際方面社會資訊的累積，人們產生對電腦中介傳播互動者的人際印象，並進而發展關係。此一關係發展的過程有四個步驟：第一、當人們進入電腦網路之後，會產生想與其他人發展社會關係的驅力；第二、藉由將以文字為基礎的訊息解碼之後，即會發展對其他互動者比較明確的印象；第三、從電腦中介傳播互動中，發展心理階段的人際知識；第四、接著，人們管理這種比之於一開始人際互動不同的人際關係（鄭綿綿，2006）。

　　Walther（1992）指出導致早期研究認為電腦中介傳播中缺乏人際關係互動的原因有幾個，首先在研究設計上時間量尺上。由於人際關係的發展需要長時間的互動與培養，而電腦中介傳播透過文字的方式產生互動，在建立關係上較面對面傳播的方式顯得困難，所以並非電腦中介傳播不會產生人際情感互動，而是需要更長的時間培養感情。此外，電腦中介傳播缺乏非語言線索，也讓過去研究結論一致偏向網路無法建立情感關係。Walther（1992）認為虛擬情感的建立，不需過度強調電腦中介傳播缺乏非語言線索，因為即使沒有非語言的輔助，文字亦能承載許多訊息，對於非語言線索的缺乏，不一定會阻礙人際關係發展。第三點是資料分析過於二元化 過去研究中常將電腦中介傳播上的人際關係分為工作，與情感導向，但Walther認為人際互動的方式是多元的，若單單二元分類，將無法獲得實際的人際互動（莊伯仲、林佳瑩，2005）。

　　另外Walther（1992）也認為，人與人之間只要有「互動」，就會產生「社會導向聚合的驅力」，而且即使在缺乏聲音、表情語言、動作，不知道對方社會地位傳播通道中，也會運用一些語言、文字線索來彌補非語言線索的不足，或特別的文字空間安排等電腦中介傳播上關係策略的管理，來促進人際關係（如以^_^代表笑臉，:o代表驚訝等）（鄭綿綿，2006）。

　　綜合以上，利用文字再加上類似即時通訊軟體例如Windows Live Messenger中表情符號普遍使用，以及隨著網路科技進展所應用的視訊溝通、多媒體內容設計等等，網友們在一定的互動時間後，便會建立起與實體社會中相似的人際關係發展，也因此可以發現許多實體社會中的人際互動方式與資訊流動，在虛擬網路世界的人際互動中也可以找到相同的溝通模式，例如人際溝通中意見領袖的概念。

三、兩級傳播與意見領袖

兩級傳播與意見領袖的概念是一體的兩面，Katz與 Lazarsfeld（1956）所提出的兩級傳播（two-step flow of information theory）模式，指的是在資訊傳播的過程中，資訊通常先經由大眾傳播媒體流傳到「意見領袖」，再經由「意見領袖」流傳到其他較不活躍的一般社會大眾，這種兩階層的傳播過程即稱為「兩級傳播」，如下圖所示：

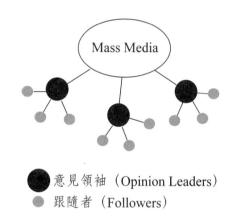

意見領袖（Opinion Leaders）
跟隨者（Followers）

資料來源：Katz & Lazarsfeld（1956）

其中「意見領袖」（opinion leaders）意指人們透過面對面、非正式等方式，影響了周遭「參考團體」（reference group）成員或是身旁親朋好友的意見與決策。

每個人都有可能是某個領域或事物的意見領袖，而透過網路科技的使用，網友們可以在網路論壇或討論區中鉅細靡遺地和其他人分享產品的使用心得、使用知識和經驗等等，間接地影響許多人的想法或購買決策，例如知名3C社群網站Mobile01中最著名的「開箱文」就是一個很具代表性的意見領袖範例。陳仲豪（2009）指出，所謂「開箱文」在網路社群中是極具知名度的口碑分享形式，意指

173

發文者將想分享的事物，大至居家裝潢小至文具小物，從打開產品箱子，到產品MARK、說明書、配件、外型、使用狀況、功能……等等，一一鉅細靡遺地拍照，再輔以有趣的文字加以敘述，最後上傳至網站主動分享。

而後Rogers（1983）延續兩級傳播概念更進一步地提出「多級傳播」（multiple steps flow of information）的概念。多級傳播指出資訊的流通是雙向性的，是經歷多重步驟而傳遞。意見領袖從不同媒介中主動、直接選擇需要的訊息，並經過詮釋後告知或與接收者分享，但接受者也可能提出自己的疑問或看法，而重新影響意見領袖。此外，媒介訊息也可能直接影響意見接受者，有些意見接受者會直接接觸到訊息，但不會去影響其他接受者，也不會受他人影響（張瑋礽，2007）。

多級傳播的概念更能描繪出網路中的人際關係與訊息的溝通狀態，且近來也應用在選舉策略的擬定與操作上。莊伯仲（2008）在其關於候選人部落格之相關研究中指出，網際網路的特性能夠避免中介者，候選人可以直接向選民對話，而不需要大眾傳播媒體的干擾，相同的，選民也可以經由網路直接與候選人互動溝通，並且可以任意選擇想要的訊息並決定想要停留的時間。在網際網路普及使用的今日，選民可以透過競選部落格的互動功能，向候選人提出一些意見與看法，尋求候選人的一些幫助、意見等等，使得在選舉當中出現候選人與選民雙向溝通的可能性。充分發揮選舉的民主意涵，免去大眾媒體「賽馬式」報導的膚淺以及許多未盡客觀的報導（彭芸，2001）。

虛擬網路空間中的訊息傳遞和人際溝通過程與實體社會中一樣，意見領袖以兩級或多級傳播的模式存在於網路的人際溝通過程中主導著訊息流通散布與雙向互動，扮演著活絡各個虛擬社群空間中的人際關係溝通的重要角色。

 四、口碑傳播（Word-of-Mouth）

　　意見領袖和兩級或多級傳播另一個於現今網路溝通中的應用即是廣告行銷領域中熱門的網路口碑行銷、病毒行銷等手法。關於傳統口碑傳播，Bone（1992）指出口碑傳播是存在於兩個或兩個以上的人之間交換想法或意見的一種現象。Arndt（1967）則將傳統的口碑傳播定義為：「在一個不具有商業意圖的傳播者與接收者之間彼此口頭對話的過程，主要談論關於某一品牌、產品或服務的內容等議題」（蔡精育，2008）。

　　而隨著科技和數位化的進展與普及，網路提供了一個開放的平臺讓資訊的集結與傳播變得更加快速與便利，產生了所謂的「電子口碑」，或稱「線上口碑」（eWOM）。Henning-Thurau 等人（2004）將線上口碑（eWOM）定義為：「在以網際網路為基礎的消費者意見平臺上，消費者可以透過網際網路，向許多網友分享他們對產品或服務的看法或意見（蔡精育，2008）。」

　　傳統口碑傳播是以相近的人際關係為基礎而傳播，例如身邊的親朋好友、家人鄰居等等，而線上口碑的傳播對象則不一定侷限在認識的人，而是所有在同一虛擬空間中素昧平生的網友都有可能是傳播對象，因此影響力更為廣泛。

　　Schmidt（2007）指出，部落客既是作者也是讀者，同時為社群中的意見領袖。因此我們可以看到現今許多藉由流暢的文筆、特殊的個人風格加上對於某領域的專業見解而吸引許多網友定期觀看或訂閱的熱門部落客（Bloggers），如女王、貴婦奈奈……等等，以及在大學生最熱門的BBS站PTT、論壇網站上，都可以發現廣告廠商充分利用意見領袖的概念，再加上電子口碑的人際傳播廣泛之特性來達到口碑傳播的效果。而也讓新世代的網路作家，找到了一個全新的舞臺，而在極短的時間內建立了一套新的傳播行為模式（須文

蔚，1997）。

Bailey（2005）也在針對提供消費者張貼產品使用心得的產品論壇（product review websites）的研究中發現，許多消費者在有產品方面疑問時，會求助於這些網站，並將在這些網站上所得到的資訊與意見視為是相當重要的參考來源。網友們於其中大量地交換商品情報、使用經驗、心得等等，在持續不斷地互動過程中凝聚出了一個社群的認同與歸屬，形成了一個更大更廣的虛擬社群人際傳播網絡。

第二節 虛擬社群

一、虛擬社群的參與互動

Rheingold（1993）首先提出了「虛擬社群」（virtual community）這個新概念，他認為虛擬社群也是一個社會的集合體，當在網際網路上聚集了足夠的人，進行足夠的討論數量、互動與情感的交流而所產生的人際關係網絡，就可稱為虛擬社群。

鄭綿綿（2006）於網路文學社群的研究中，綜合各學者對虛擬社群的定義後，將網路虛擬社群定義為：「建構在網際網路互動環境下的群體，具有相同的興趣和價值觀，在此自由開放的空間內，社群成員可彼此分享資訊，相互支持與認同，長時間下來，將可發展特殊的人際關係。」

李芳嘉（2008）則指出網路虛擬社群是由一群在某方面有相同特點的人（如興趣、喜好）透過網路媒體互相連結起來，打破地域限制的成員們會去遵守約定俗成的規定，在固定的網路空間展現社會情感、交流、互動，建立起一種近似存在於真實生活中的人際網

絡與現象，使其成員產生對社群的歸屬感與責任感。

　　虛擬社群之所以有凝聚力，即是在於其互動的特性。Hagel與
Armstrong（1996）認為，虛擬社群吸引人的地方，是它提供了讓人
們自由交往的生動環境，人們在社群裡持續性的互動，並從互動中
創造出一種互相信賴和彼此瞭解的氣氛。而互動的基礎是因為網路
社群滿足了人們的興趣、人際關係、幻想、交易四大基本需求。

　　無論是實體社群或虛擬社群，其共通點皆著重於人際間的互動
與社群參與（community engagement）。Stoffels & Paul（1987）指
出社群參與是一個積極的過程，參與團體成員以一個可以增進他們
利益的觀點去影響一個發展計劃與行政管理，這些利益包括了收
入、個人成長、自我依賴或是其他任何喜歡的價值。所以社群參與
可視為成員們預期社群進步與發展，而願意投入個人有形或無形的
力量來促成。由此可以得知，成員的參與互動是維繫虛擬社群存在
與凝聚向心力的關鍵，人們也是因為想與他人互動而來。

■ 二、虛擬社群的認同感

　　李芳嘉（2008）將虛擬社群的認同切入角度區分為二，一個是
屬於虛擬社群的認同，另一個是虛擬社群中呈現的自我認同。

　　在虛擬社群認同部分，鄭綿綿（2006）認為在虛擬社群當中，
當使用者長期接觸使用之後，持續的在社群當中與他人產生互動，
且對於虛擬社群的使用產生了一種歸屬感，認為自己是屬於社群當
中的一員，在使用其他網站的時候也會優先考慮使用此一社群，我
們可以稱為該名使用者對於該社群產生了認同。因此網路社群成員
不但藉著虛擬社群交換訊息，也從中獲取「社會支持」與「歸屬
感」，甚至是「自我認同」。也就是說，只要在網路上能形成基於
訊息分享與感情支持的團體，進而可確認其使用者具有對社群的認

同感,即可認定虛擬社群已經成形。

鄔榮霖(2002)則指出使用者對於虛擬社群會有一種歸屬的感覺,認為自己是屬於這個地方的成員,便會去區分自己屬於社群的內團體或是社群的外團體成員。如果屬於外團體的成員可能是一個社群的瀏覽者角色,只是單純瀏覽社群的內容與吸收資訊,但如果是一個內團體的成員,便可能會是一個建設者或是貢獻者。許多的虛擬社群都是建立在使用者自願性的參與,並且付出自己的熱情與時間,義務的參與虛擬社群的互動或是成為網站管理的版主,這樣的一個過程便是成員對於虛擬社群的使用產生了高度的認同(李芳嘉,2008)。因此,透過虛擬社群成員的人際互動,會逐漸凝聚成員的向心力,進而產生認同感和歸屬感,會增加使用者在社群中的貢獻。

而在虛擬社群中的自我認同部分,使用者能藉由在例如線上遊戲等虛擬空間中的活動來與其他人溝通、發展人際關係,進而得到超越現實生活之外的自我認同。李維哲(2007)在關於線上遊戲的研究中指出,在網際空間,螢幕延伸我們的雙眼,滑鼠延伸我們的雙手,在浩瀚無窮的網路世界,因為即時性、互動性、化名性等因素,讓現實生活中的束縛暫時解除,化身成另一個「自我」在這個虛擬空間自由的展演,尤其在網路遊戲中的是一種超越單機版遊戲的互動過程,其中強調社群跟角色扮演,除了娛樂功能之外,尚有自我塑造、人際交往、自我展演等功能。莊伯仲、戴靜宜(2006)也在針對網路虛擬同居中的女性賦權之個案研究中指出,女性能透過科技去探索與重建自己的形象與認同。

莊伯仲、林佳瑩(2005)指出在集體文化中,一個人是藉著隸屬於一個團體來得到認同,這表示社會成員和它的次團體之間相互依賴的程度是非常高的,如Anderson(1983)所說,認同其實是一種想像的活動,自我價值的感覺,可能不只是個人的作為而已,同

時也包括其他社會成員所塑造出來的行為。因此，儘管網路與社會常規還是有其差異性，但兩者是相互影響的。角色扮演和身分建立是線上互動知社交性的一小部分，對青少年而言，網際網路亦提供其身分認同、建構與實驗的最佳場域。

三、虛擬人際關係的線下延伸

　　網際網路已經愈來愈成為人們每天生活，尤其社會互動的一部分，當網際網路逐漸成為人的生命生活重心時，它本身就是人們所面對的「周遭的現實」，網路世界不該只被看成是現實世界的對立，而應該被視為現實世界的延伸。

　　其實不管在現實生活中或虛擬世界裡，人們都會利用不同方式來實現既有的社交慾望。尤其在當代社會，有越來越多人跳脫現實羈絆，而在網路形成的異度空間中揭露自我，並且模糊了真實空間和虛擬空間的界線（鄭綿綿，2006）。

　　Parks 和 Floyd（1996）的研究中顯示，透過電腦中介當中的社群，有六成一的人會與其他成員變成朋友，其中有8%左右會發展出親密關係，這顯示網路不只做為既有關係的延伸工具，也造就了新關係的建立。

　　因此，莊伯仲、林佳瑩（2005）認為所謂人際溝通並非絕對的要劃分出真實與虛擬世界的兩極，「網路」在交友過程中扮演的是一個媒介的角色，網路交友也只是多種交友方式下的一種，多數使用者會採用多種互動方式，增進情感、加速穩定關係的形成，然而不可否認的，網路特性卻讓由網路發展出的友誼關係有別於其他管道友誼形成的模式。

　　從以上提及的線上虛擬與線下真實的交織過程，我們可以發現網路確實延伸了新的關係契機，人們不僅僅只是會在網路社群當中

建立人際關係，線上的人際關係甚至會延伸至實體社會當中繼續延續下去，我們從愈來愈多的「網聚」、「網路家族聚會」等等，可以明顯的觀察出這個趨勢。Jones（1995）提到，電腦中介傳播系統在網路上形成一個新型態的社區，看不見彼此的成員得以在裡面進行社會接觸、建立社會關係，建構了「社會真實」（social construction of reality）（陳怡臻，2006）。網際網路擴大了生活的範圍與形式，在角色扮演或非正式的聊天室裡，線上人際互動型塑了真實生活（包括線上真實生活）（莊伯仲、林佳瑩，2005）。

第三節 虛擬人際間的自我揭露與觀展表演

一、自我揭露

在人際關係中，與人互動、溝通的主要原動力即為「自我揭露」。自我揭露這一名詞為心理治療家Sidney Jourard在1959年創用，他指出個體透過自我揭露的溝通方式，增進他人對揭露個體本身的瞭解（陳怡臻，2006）。自我揭露其實就是個人向他人表達自我內心想法、感覺的過程。

楊牧貞、黃光國（1980）指出，許多學派都肯定自我揭露在人際發展歷程中的重要性，如社會交易理論，認為個人對他人的自我揭露程度，可以反應雙方的關係發展階段；累進交易理論，認為關係是遵循認識、表面接觸，進而深入相交的漸進式發展，隨著關係愈深，自我揭露親密度也愈高。社會滲透理論，認為自我揭露是人際關係發展的一部分，從對方獲得的酬賞與付給對方的代價，會影響自我揭露的深度。

　　而在網路人際溝通之間，自我揭露也為網友們使用Blog、MSN、Youtube或其他社群網站等媒體工具來達到人際溝通目的的方式之一。莊伯仲（2008）指出，Blog是使用者透過一個簡易的、標準化、可以自訂功能的系統介面或科技環境，依年份時間序列方式，記錄感受、知識、觀點等資訊的網路活動。網友可以利用Blog上寫好的程式，輕鬆打造個人專屬網站，還能分享照片、心情及檔案。它就像是一個個人的心情園地，每位網誌寫手都有一個屬於自己的發聲空間。而各個 Blog 無論樣式或內容，都在呈現每位使用者的個人風格，網誌使用者透過書寫、瀏覽、文章回覆等行為，不只能產生互動，還打破過去讀者與作者二分的界線。在Blog書寫文章的人，透過此一較具隱匿性傳播方式，反而有助個人更投入互動的情境，將自己內心與情感揭露給網友知曉，並因此達到人際溝通的目的（Dan Gillmor, 2005／陳建勳譯，2005；轉引自莊伯仲，2008）。

　　此外，林佳瑩（2005）在一份以著名的商業交友網站「愛情公寓」作為研究對象，探討虛擬空間下的新興人際互動「網路同居」之研究也指出，隨著網站蓬勃發展，各種不同型式網站不斷出現，虛擬社群不斷推陳出新，網際網路已經愈來愈成為人每天生活，尤其社會互動的一部分，網路線上人際吸引是不可否認的，甚至形成友誼與愛情。其中，與人互動、溝通的主要動力就是自我揭露，有助於親密關係的維持，因此自我揭露是人際關係親密性的重要影響來源。當一個人願意告訴他人有關自己的事，包括真實情感、想法和態度，高度自我揭露的人傾向於與他人建立較為親密的人際關係，人們想要與他人建立良好的人際關係時，常藉自我揭露以建立一個令他人喜愛的形象，在互動過程中努力扮演此一角色，吸引他人與之互動。

　　因此，自我揭露是反映人與人之間關係親密性的重要指標。愈

正面的自我揭露會帶來愈正面的回應與親密，相反地，負面的揭露愈多，親密感會逐漸降低。所以人們常會藉著自我揭露的過程來塑造一個能讓他人喜愛的形象，並在互動過程中努力扮演此一角色，以吸引他人來與自己互動，藉此建立良好的人際關係。

二、觀展／表演典範（Spectacle/Performance Paradigm）

鄭綿綿（2006）在其探討網路文學社群的研究中發現，網路是一個可以自由進出、不需露臉但有可以公開表演而獲得自我滿足的空間。因此網路作家發表創作作品，除了是一種展演過程，在與社群成員所給予的回應、回饋、互動過程中，也藉由別人的回應內容，形成一個反映視窗，觀看自己在別人心中所呈現的形象為何，作為瞭解自己與不斷調整在該社群呈現的一個依據，如同照鏡子般，不斷修正自己；例如在每次的更新文章後，反覆地瀏覽自己的創作文本、注意該社群成員所給予的反應等，在此透明區域獲得自身與社群成員給予的自我滿足。網誌使用者會根據這些反應和回饋，發展各式策略，營造網誌中的自我形象，成為心目中所欲的形象（image）（張玉佩，2005）這種網路間人際互動的過程即是「景觀／表演典範」的基本概念。

Spectacle/Performance Paradigm譯為「景觀／表演典範」或「公開展示／表演典範」，是由Abercrombie & Longhurst在1998年所提出，成為繼Hall所提出的製碼／解碼模式（Encoding／Decoding Model）後，最重要的當代閱聽人典範（李芳嘉，2008）。張玉佩（2000）指出，網際網路出現後，媒體世界顯得更加複雜，需要一個更彈性、更能夠符合現今媒介複雜狀況的切點，來協助釐清網路中的閱聽人角色。而Abercrombie與Longhurst（1998）所提出的觀展

／表演典範便是提供一個新的思考起點。

　　觀展／表演典範強調，每個閱聽人同時既是表演者又是觀看者。主要主張如下：（Abercrombie & Longhurst, 1998）

(一)每日生活的媒介消費，把人類社會視為一個舞臺。

(二)社會的互動都是一種表演。

(三)在SPP典範中的閱聽人，認為每個人時時刻刻都是觀看者和表演者，已融入每天生活的構成要素，每個人都在生活中表演。

(四)表演、觀看模式是依照一種想像，例如網際網路，透過無遠弗屆的媒介滲透，使得表演者和觀看者之間的界線已經模糊。

　　Abercrombie和Longhurst（1998）認為，現代社會中，人們大部分的時間都花在消費不同形式的媒介上，人們生活在一個「媒介滲透」（media-drenched）的社會中，建構了日常生活。人們藉由公開表演的觀看與被觀看，進而逐漸邁向自我陶醉（narcissistic），進入更期待下一波媒介訊息的釋放與接收的循環裡，如圖8-1所示（李芳嘉，2008）。

　　李芳嘉（2008）也於其討論「影音部落格」（Vlog）之研究中指出，影音部落格提供網友展示表演的舞臺，以近期在"I'm Vlog"中一個熱門搜尋關鍵字「超級星光大道」來檢視此一循環，觀眾或網友暴露在大量有關「超級星光大道」的節目或訊息中，引起討論、關注，成為他們生活中的一部分，構成認同，較投入的閱聽人開始在影音部落格上放置有關星光大道的節目、新聞片段、或是自製的模仿短片。經由觀展，他們更沉浸在「星光大道」熱的自我陶醉中，他們渴望蒐集相關資料與情報、等待下一次再被媒體娛樂，或被文化商品消費，再次進入下一個循環。

183

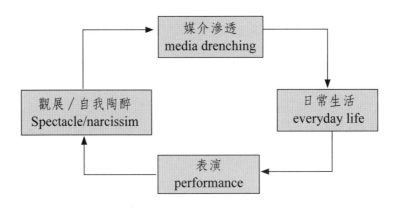

✿圖8-1 閱聽人行為模式循環

資料來源：Abercrombie & B. Longhurst (1998)；張玉佩（2000：99）；引自李芳嘉（2008）

因此，以現今的網路人際溝通狀態來看，無論是在Youtube上發表影片，或是網路論壇、BBS中發表文章，甚而是即時通訊軟體如Windows Live Messenger中的暱稱狀態，網友們對於網路上的點閱率、人氣數、回應數等數值的注意程度升高，發表者從這些數值中產生成就感，進而體認到自己對閱讀者是有意義的。於是發表者就會不斷地調整自己的表現方式及內容，將自己的想法以更好的方式呈現在發表出來的作品裡，使他能與閱讀者進行更好的交流，一方面達到人際關係中被觀看、被讚賞的滿足，另一方面也達到自我的認同與成就。

第四節 小 結

網路人際傳播形式多元，樣貌繁多。學者雖有專論提及，但論及廣度，還是以e世代學生的碩士論文較能一窺全貌。從以上章節討論中，我們可以發現人際關係網絡和人際情感的確會在電腦中介傳播當中形成並持續發展，並且因為超連結、同步/非同步溝通等獨特

特色，網路溝通比起實體社會人際溝通範圍更廣、更多樣化。

在人際關係發展方面，網路使用者在如Facebook或無名小站等虛擬社群中建立起自身專屬空間，與世界各地的網友相互認識、結交同好，與志趣相投、相互欣賞的網友互動交流，建立起人際關係網絡，甚而於線下的實體社會中延續友誼關係。而人們也能在這互動溝通的過程中，滿足自我揭露的需求，和擁有一個能展示自我的舞臺。

在行銷溝通方面，廣告行銷人員利用網路溝通觸角廣泛的特性，以話題討論或「開箱文」等分享文章，充分發揮意見領袖的影響力，讓口碑行銷力量在部落格、網路論壇、BBS間不斷發酵，達到廣告行銷宣傳效果。

此外，政治人物也沒有在這股網路浪潮中缺席。最廣為人知的例子如美國總統歐巴馬（Barack Obama）運用網路影音媒體——Youtube及所謂的微網誌——Twitter來接觸年輕族群與社會基層，加強了政見推廣與社會動員的力量。此舉也帶起國內政治人物例如總統馬英九利用網路影音發表「治國週記」來與人民溝通；前行政院長謝長廷、蘇貞昌等也皆開始利用中文化的微網誌—Plurk（噗浪）來做個人政治行銷的工具。

這股風潮或許正如前副總統呂秀蓮所批判的，政治人物在Plurk或Twitter等網路媒體上所發表的多半是沒有實質意義的言論。但不可否認，即便只是早安晚安的問候語，這些新興的溝通模式在某種程度上卻能讓基層大眾有機會直接接觸到政治人物真實的一面，也開啟另一個讓選民與政治人物能在大眾媒體之外相互瞭解的管道，使政治行銷邁入網路溝通的新世代。

在現今網路使用率快速攀升的資訊社會中，形形色色的人們都可以在網路虛擬世界中相遇，人際溝通與人際關係發展愈趨複雜，因此瞭解網路溝通的模式與樣貌越顯重要。特別是從小就接觸網路

科技長大的網路世代，生活在各種既大眾化又個人化、既真實又虛擬的媒體工具之間，更需要瞭解人際關係在網路世界中是如何存在以及互動，並且是如何與現實生活之間產生連結。

問題與討論

1. 能否舉出也可適用於解釋電腦中介傳播中人際溝通的傳播理論？

2. 虛擬社群中的認同感會在哪些機制或溝通過程中建立？對社群成員有何影響？

3. 何謂自我揭露與觀展表演？能否以網路社群或網路媒體的使用過程舉例？

進 階 閱 讀

吳筱玫（2008）。《傳播科技與文明》。臺北：智勝。

梁瑞祥（2001）。《網際網路與傳播理論》。臺北：揚智文化。

莊伯仲（2007）。《網路選戰—臺灣研究案例》。臺北：米羅文化。

黃厚銘（2001）。《虛擬社區中的身分認同與信任》。國立臺灣大學社
　　會所博士論文。

翟本瑞（2002）。《連線文化》。嘉義：南華大學社會所。

參 考 書 目

一、中文部分

李芳嘉（2008）。《網路新媒體使用者之動機與認同－以影音部落格為例。》。中國文化大學新聞研究所碩士論文。

李維哲（2007）。《線上遊戲機制對玩家消費影響之研究》。玄奘大學資訊傳播研究所碩士論文。

張玉佩（2000）。《網路閱聽人－主動／批判／自我展示》。《當代》，159:90-101。

張玉珮（2005）。《從媒體影像觀照自己：觀展/表演典範之初探》，《新聞學研究》，82：41-85。

莊伯仲、林佳瑩（2005年3月）。〈虛擬同居互動之初探──以愛情公寓為個案〉，發表於「2005數位創世紀國際研討會──e世代青少兒上網安全與趨勢」，臺北市大安區。

莊伯仲、戴靜宜（2006）。〈網路虛擬同居中的女性賦權－SheSay之個案研究〉，《資訊社會研究》，10: 147-163。

莊伯仲（2008年10月）。〈候選人部落格之訊息與互動－2008年總統大選分析〉，發表於「第十五屆廣告暨公關學術與實務研討會」，臺北市文山區。

陳仲豪（2009年9月）。〈社群網站自發性分享行為之需求滿足與社群認同──以Mobile01網站之「開箱文」為例〉，發表於「2009電子媒介新世代國際學術與實務研討會」，臺北市文山區。

陳怡臻（2006）。《政治人物部落格與人際溝通之研究－以「我是羅文嘉」為例》。中國文化大學新聞研究所碩士論文。

陳詩螢（2009）。《影音分享網站使用行為研究－以YouTube為例》。中國文化大學新聞研究所碩士論文。

須文蔚（1997）。〈邁向網路時代的文學副刊：一個文學傳播觀點的初探〉。世界中文報紙副刊學綜論，行政院文建會，251-279。

彭芸（2001）。〈2000 年總統大選的媒介使用、選舉參與及投票對象〉，《選舉研究》，7(1)：21-52。

張瑋礽（2007）。《消費型網路謠言傳播行為研究—以大學及研究生為例》。佛光大學傳播學研究所碩士論文。

楊牧貞、黃光國（1980）。〈自我揭露的楔型模式極其相關變項〉。中華心理學刊26卷，1，151-170。

蔡精育（2008）。《網路論壇口碑之研究》。國立中央大學資訊管理研究所碩士論文。

鄭綿綿（2006）。《網路文學社群的自我認同與人際互動之研究—以失戀雜誌為例》。中國文化大學新聞研究所碩士論文。

二、英文部分

Abercrombie, N. & Longhurst, B. (1998). *Audiences: A sociological theory of performance and imagination*. London: Sage.

Bailey, A. A. (2005). Consumer awareness and use of product review websites. *Journal of Interactive Advertising*. 6 (1), 90-108.

Hagel III, J. & Armstrong, A. G. (1996). *Net gain: Expanding markets through virtual communities*. MA: Harvard Business School Press.

Katz, E. & Lazarsfeld, P. F. (1956). *Personal influence: The part played by people in the flow of mass communication*. New York: The Free Press.

Parks, M. R., & Floyd, K. (1996). Making friends in cyberspace. *Journal of Computer Mediated Communication*. 1 (4). Available Online: http://jcmc. indiana.edu/vol1/issue4/parks.html.

Rheingold, H. (1993). Cold knowledge and social warmth. *Newsweek*. 122 (1), 49.

Schmidt, J. (2007). Blogging practices: An analytical framework. *Journal of Computer-Mediated Communication. 12*(4). Available Online: http://jcmc.indiana.edu/vol12/issue4/schmidt.html

Stoffels, P. R. (1987). Which service is best for your community? Update on 911. *Telephone Engineer & Management.* 91 (24), 51-56.

Walther, J. B. & Burgoon, J. K. (1992). Relational communication in computer-mediated interaction. *Human Communication Research.*19, 50-88.

第九章
領導溝通

賴祥蔚

摘要

　　職場溝通對於現代人來講早已成為重要的溝通課題,然而,這個議題還沒受到足夠的重視。本章將先介紹領導與溝通相關研究的發展,先針對領導理論進行回顧,包括介紹領導特質、行為理論、權變理論或是情境理論以及繼起的領導理論,再針對領導溝通研究的各個面向進行探討,包括溝通能力的內涵、領導溝通的管道與方式、領導溝通與信任等,最後特別針對文化創意產業中的領導溝通進行著墨,包括文化產業的管理難題、媒體變遷與領導溝通,最後提出未來展望與結論。

第一節　緒　論

　　領導溝通在傳統上被歸類於組織溝通而非人際溝通。然而，工作已經成為占去現代人最多時間的活動，有人認為職場關係「比朋友親，不及愛情」。可見對於絕大多數的上班族來講，職場溝通已經成為最重要的溝通議題之一。對臺灣而言，這個議題尤其重要，臺灣的上班族往往超時工作，工時之長，曾在2003年洛桑管理學院的調查中奪下世界第一，2007年仍高居世界第五。臺灣上班族不只工時超長，創業意願也很高。經濟部2009年與《30雜誌》合作的調查發現：受訪者45.4%曾想創業，22%曾經創業，13%正在創業。多數人都想要擔任領導工作，但是許多調查也發現，職場領導的滿意度往往偏低，原因正是很多人只想當領導，卻沒有先學好如何當領導。本章將針對領導溝通進行探討，回顧領導與溝通研究的主要發展。

第二節　領導理論的發展

　　什麼是領導？對於這個名詞，很容易就可以找出幾十種定義。領導的詮釋雖然多，但是其中最為廣泛流傳的，或許是擔任過美國總統的John Quincy Adams的一句格言：「如果能夠激勵他人夢想更多、學習更多、貢獻更多，並且成就更多，這才是領導！」

　　領導是管理學中的重要課題，與溝通之間的關係更是密不可分，以下將先簡單介紹相關理論的發展與內容。

　　領導理論與管理理論息息相關，早期最知名的管理理論為Talor在1911年提出的科學管理理論。Taylor根據對於鋼鐵工廠生產線的觀察與分析，強調為了改善工人的怠工，管理必須標準化，制訂科學的生產作業流程並進行專業分工，同時規劃工作量並將工資與勞動

密切結合。這被稱為古典管理理論。

Mayo在1933年推翻了古典管理理論對於人性的假設，為管理理論另外開闢了人際關係學說，使管理理論進入新的階段。Mayo與西方電器公司合作在霍桑工廠進行實驗，本來希望透過改善工作環境來提高生產率，卻發現當員工感覺受到重視，有了歸屬感之後，生產率才會提高。

McGregor在1957年以X理論與Y理論對管理理論進行分類。X理論偏向性惡論，強調主管發令，部屬服從，這種「上對下」的威權式管理，通常存在於高度結構化、階層化的組織，軍隊是這類型組織的最佳代表。Y理論則偏向性善論，常被描繪為人性化或是人類需求導向的領導風格，領導致力於在組織與部屬的目標之間尋求和諧。Ouichi在1981年補充提出Z理論，強調日本式管理，這隨著日本企業在全球崛起而在1980年代頗受矚目，其特色包括日本企業過去慣見的終身雇用制以及對於員工期望的重視，需要主管與部屬之間的高度信任與忠誠。X、Y、Z三個英文字母只是簡單代號，沒有特別的意義。

時至今日，X理論、Y理論與Z理論連一般人都能朗朗上口，雖然點出了一些領導因素，但是還不夠深入。過去半個世紀以來，管理學界對於領導理論的關注，可以大概分成以下的這四個時期：首先是特質理論（traits theories）、其次是行為理論（behavioral theories）、第三是權變理論或是情境理論（contingency theory or situational leader theories）以及後來興起的願景式領導、魅力式領導與轉換式領導等理論。

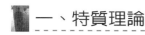 一、特質理論

早期的領導研究關注於領導特質（leadership traits），連帶引起

領導究竟是與生俱來或是可以人為打造的問題。當前專家的主要看法則認為，不管是不是天生具有領導特質，多數人都有適合自己的「天生的領導風格」。

領導到底應該具有甚麼特質？不同研究者所列出的領導特質不盡相同，相關研究的內容琳瑯滿目，有學者整理出163項領導特質（Stogdill, 1975）。歸納來看，最普遍的包括了以下幾項：智慧（intelligence）、企圖心（ambition）、自信（self-confidence）、專業知識（expertise）、魅力（charisma）、創意（creativity）、毅力（perseverance）、彈性（flexibility）、承諾（commitment）、正直（integrity）、激勵能力（the ability to inspire and motivate others）、提出願景的能力（the ability to envision），其中最重要的提出願景的能力。不過光是提出願景還不夠，因為多數領導沒有真正透過計畫的願景落實為真實（Sylvie et al., 2008）。

二、行為理論

行為理論嘗試根據行為來找出領導者的類型，相關研究很多，其中最知名的是「任務－關係導向」（task-relationship oriented），以領導者對於任務與關係的看重情況來進行分類。這方面的研究是由密西根大學首開風氣，他們將領導者分為員工導向與生產導向兩種不同類型。Mouton與Blake（1964）在所著的《管理方格》一書中更發展出細膩的9×9的81方格，並且對於從「無為而治」到「團隊管理」等各個不同的方格，都進行深入的分析。幾乎所有的行為理論學者都認為在各種領導方格之中，最能兼顧員工關係與生產關係的領導方式就是最佳領導方式。

領導風格也是常見的研究主題，愛荷華大學是這方面研究的先驅重鎮。領導風格的分類方式非常多，以下的這五種包括了最常被

討論的風格：威權式、專家式、共識建立式、教練式、放手不管式
（Sylvie, et al., 2008）。其中權威式、民主式、放任式這三種領導風
格又特別受到關注。

　　領導風格的類型隨著分類標準與參照條件的不同而有不同答
案。如果領導者主要仰賴人格特質來獲得部屬的服從，這可稱為魅
力式領導；如果領導者是透過提出願景來引導部屬，這是願景式領
導（Nanus, 1992）。魅力式領導與願景式領導都是後來頗受重視的
領導理論，稍後會再介紹。

　　對於領導風格，多數人都認同「人性化」（humanistic）的領
導風格，亦即從Maslow（1954）提出的人性需求理論出發，依據生
理、安全、愛與歸屬、受尊重、自我實現等不同層級，引導部屬朝
向更高的人性需求去發展。儘管如此，多數領導理論不認為有所謂
最佳的領導風格，成功的領導必須隨著部屬與情況的不同而改變作
法。

■ 三、權變領導理論與情境領導理論

　　權變領導與情境管理的理論在1970年代之後成為主流，至今仍
然相當受到重視。研究者認為理想的領導，必須要把可能影響領導
行為與領導效果的各種因素都列入考慮。

　　情境領導理論將領導與部屬的風格進行配對。領導首先要瞭解
部屬對於任務與心理的成熟度，再依此採取不同領導途徑。任務成
熟度指涉的是部屬的教育程度、相關經驗與技術能力等，心理成熟
度則指他們在任務方面的自信、態度與動機。

　　Hersey與Blanchard在1969年進一步發展出四種不同的管理途
徑，兩人首次結合行為理論以及領導與部屬風格配對這兩種理論的
長處，各有其相對應的部屬成熟度；首先是告知式，這屬於高任

務、低關係導向，對應於無能力、無意願的部屬；其次是推銷式，這屬於高任務、高關係導向，對應於無能力、有意願的部屬；第三是參與式，這屬於低任務，高關係導向，對應於有能力、無意願的部屬；第四是授權式，這屬於低任務、低關係導向，對應於有能力、有意願的部屬（Hersey and Blanchard, 1982）。

除了領導與部屬的風格，工作環境也被進一步納入情境。就此而論，成功的領導有賴於結合三個因素：領導本身的風格與技巧、部屬的風格與技巧、以及工作環境的特定條件（Sylvie et al., 2008）。

四、繼起的領導理論

繼起的領導理論包括了願景式領導、魅力式領導與轉換式領導等理論。這三者相互之間頗有相關。

願景式領導是透過規劃願景來激勵部屬。願景（vision）是指對於未來幾年發展的預期情況，實務上經常與使命（mission）、理念（concept）等名詞交互使用。《企業傳家寶》一書對此提出六個秘訣：首先、文字簡單但不一定簡短；其次、接受公司全體的建議；第三、邀請局外人士提供清晰與嶄新觀點；第四、遣詞用字要反映公司特色或是希望展現的面貌；第五、用各種充滿創意的方法，以及使用各種語言和員工分享；第六、要仰賴其領導。就此而論，理想的願景應該寫成文字，而且應該是有助於具體指導員工工作方向的「操作型定義」。願景的內涵必須要符合目標管理（management by objectives, MBO）的要求，也就是相關的目標必須要透過SMART給予妥善定義，SMART是以下五個重要原則的英文縮寫：具體（specific）、可測量（measurable）、可獲得（attainable）、與組織更宏觀的目標有關（related to organization's larger goal）以及

時效性（time-bound）（Nelson and Economy, 1996）。SMART另有一種詮釋，指的是具體、可測量、可獲得（achievable）、務實（realistic）、以及時間性（time-related）。兩者用語小有出入，但是其意義則大致相同。

　　魅力式領導（Charismatic Leadership）的原始概念源自於德國社會學家Max Weber。Weber認為權力有三種基礎：傳統、法理與魅力（charisma）。研究者認為領導的魅力是由四個變數所決定：一是領導提出的願景與現況差距的程度，二是使用創新與非傳統手段以達成所追求的變革，三是為了此一變革而對於環境資源與限制的現實評估，四是激勵部屬追求願景（Conger and Kanungo, 1987）。在環境變遷與改變需求較高的組織中特別需要魅力式領導。

　　至於轉換式領導，相當程度上是對於職場現實狀況的回應。研究者發現職場上最常見的領導方式，是以獎賞作為報酬的「交易式」（transactional）領導，交易式領導理論的基礎，包括社會交易理論（Hollander and Julian, 1969）與期望理論（Vroom, 1964），前者假定主管與部屬是透過重複的利益交換，因而產生信任與動機誘因，後者認為個人激勵力量決定於目標價值與期望概率。新近研究主張透過價質內化的過程，把前述交易式領導提升為「轉換式」（transformational）領導，也就是透過理念與價值的內化來完成領導希望達成的任務。

　　轉換式領導最早是由Burns（1978）提出，結合交易式領導與魅力式領導的優點。轉換式領導的主要內涵包括四個要素：清楚描繪與傳達願景、激勵部屬自願追隨、刺激部屬發揮智能、對部屬需求給予個別考量（Bass, 1990）。由此不難看出，轉換式領導要能成功，與願景及魅力息息相關。

第三節 領導與溝通

　　領導與溝通二者的關係密不可分，因為領導行為原本就是一種經由溝通來呈現的行為。學者研究發現，領導的溝通能力與員工工作滿意度及溝通滿意之間具有因果關係（Madlock, 2008），對於員工的創造力以及對於組織的歸屬感與認同感（後者被稱為組織承諾）也會產生影響，領導溝通能力更是員工忠誠度的關鍵（Mayfield and Mayfield, 2002; Clutterbuck and Hirst, 2002）。對於領導者而言，不同的溝通方式也型塑了其獨特的領導魅力（Holladay and Coombs, 1993）。Collins（2001）在其暢銷著作 *Good to Great*（臺譯：《從A到A+》）也強調有效的領導溝通是組織卓越的關鍵。

　　儘管領導溝通具有高度重要性，但是有學者認為，相較來看，不論是在管理學界或是傳播學界，領導與溝通能力關係的研究，受到的關注其實是相當有限的（Madlock, 2008）。以臺灣研究成果為例，2009年7月針對國家圖書館的「全國博碩士論文資訊網」與「期刊文獻資訊網」分別以關鍵字進行檢索，結果只找到五本學位論文以及四篇期刊論文，其中兩篇期刊論文的作者還是外籍學者，可見臺灣對於領導溝通的研究還有很多可以發展的空間。

　　儘管領導與溝通此一議題受到的關注還不夠多，但是管理學所指出的領導應該具備的特定技巧中，溝通就常被提及，而且被認為是最重要的技巧。前述的領導技巧都可以透過訓練與努力而獲得，包括：溝通與傾聽（communication and listening）、賦權（empowerment）、訓練（coaching）、授權（delegation）、魄力（assertiveness）、果決（decisiveness）、問題排解（problem solving）、目標設定（goal setting）、衝突管理（conflict management）以及談判（negotiation）。其中溝通與傾聽被認為是最重要的技巧（Sylvie et al., 2008）。

　　領導必須具備溝通能力（communication competence），這點無庸置疑，但是對於溝通能力的內涵與定義是什麼，則有頗多說法，欠缺清楚一致的認定（Barge, 1994）。有些學者強調傾聽與談判（Cushman and Craig, 1976）。尤其現代員工的教育與智識水準較高，領導更需透過談判而管理，在溝通願景時，更要多從員工利益進行訴求（Salacuse, 2007）。有些學者則主張溝通能力的元素包含了知識、激勵、技巧、行為、與效果（Spitzberg, 1983），其中知識、技巧、激勵這三者更受到重視（Spitzberg and Cupach, 1984）。新近定義則包括了後設認知與倫理原則（Wilson and Sabee, 2003）。調查顯示，領導者對於溝通能力的認知也相當不同，但是都覺得此一任務充滿挑戰（Rouhiainen, 2007）。

一、溝通能力的內涵

　　知識為領導的根本，稱職的領導除了專業知識之外，最好還能具有經營、溝通等多元知識，這些都是領導溝通的重要基礎。有些人誤以為所謂知識，指的只有專業知識，事實上，專業知識屬於一種操作技巧，其重要性隨著主管位階是基層、中層或高層的節節高升而降低；相對的，其他知識的重要性則隨著主管位階的提高而增加，例如越高階的主管，越需要瞭解市場版圖與未來趨勢，從而根據組織的情況與限制，制訂中、長程的發展計畫，並且將這些計畫對內傳達。好的領導應該擅於進行知識管理，也就是能夠獲得知識、分享知識、應用知識與創新知識，以發揮知識的最大價值。只知道專業知識的主管，可謂單面向的領導；掌握多元知識的主管，才能真正具有領導的魅力。

　　傾聽是最常被領導忽略的技巧，這在上行溝通中尤其重要，因為組織內部向下傳達的溝通管道較多，但上行管道較少而且往往運

作得不好。造成上行溝通失效的原因包括：欠缺良好傾聽者，因而影響了溝通流；在溝通流之中，只要有一名不理想的傾聽者，通常是中層主管，這時訊息就會堵塞，即使訊息上達，也可能已經扭曲（Nichols and Stevens, 1957）。多數主管經常誤以為找了員工交談就是傾聽，但是卻在交談過程中只顧著發表自己看法，或是隨時發表對員工意見的反駁與批評，而不是讓員工暢所欲言。溝通專家強調，好的傾聽者應該避免批評與責備，多給予真誠的關心與讚美，並且在交談中引發對方心中的渴望。要避免下情不上達的方式，包括設計匿名的溝通方式，以及由部屬為主管的績效進行評分（Bartolome, 1989）。

不少領導忽略了傾聽的重要性，相當可惜。有些領導形式上願意傾聽，但卻為真正聽進去員工的聲音。事實上，傾聽最忌諱聽而不見。有研究發現，在聽過談話的兩個月以後，一般人只能記得約25%的內容，如果是對於自己印象不很深刻的事，甚至在聽過之後八個小時，就可能遺忘三分之一到二分之一（Nichols and Stevens, 1957）。領導除了傾聽員工心聲，也要讓員工在溝通的過程中感受到備受尊重，包括記住員工姓名甚至其喜好等，才能兼顧理性與感性兩個層面。

至於激勵，基礎理論包括三個重點：(一)公平理論（equity theory）：員工對工作投入與組織回饋會進行評估，當覺得公平時才願意繼續投入。(二)期望理論（expectancy theory）：員工行動的意願取決於對結果的期望程度。(三)目標設定理論（goal-setting theory）：與員工一起設定明確、具體、可達成的目標，有助於員工接受並落實。

要激勵員工，除了重視前面的三個重點，領導還要學習如何使用「激勵語言模式」（Motivating Language Model），研究顯示這與員工的工作滿意度及其工作績效之間具有顯著的正相關（Sullivan,

1988）。激勵語言模式主張領導應該從工作、人際關係與組織文化三個面向進行溝通，因而會產生三種語言：用於工作指導的指導語言、展現鼓勵與關懷的同理心語言、以及使員工瞭解組織文化與價值的意義建構語言（Sullivan, 1988）。

　　激勵效果的相關研究中，畢馬龍效應（Pygmalion effect）最常被提及。畢馬龍是希臘神話中的人物，愛上自己雕刻的少女，感動了愛神，因此愛神讓少女變成真人。此效應又稱為「自我應驗預言」（self-fulfilling prophecy）。1966年美國曾推行相關實驗，將一批小學生隨機分成兩組，一組強調是由資優生組成，另一組學生則作為對照組，分開施行教學，結果被稱為資優生那組的成績明顯優於對照組，這被稱為畢馬龍效應。

　　談判也是一項重要的領導溝通技巧，尤其在面對組織內部的衝突時，其扮演的角色相當關鍵。衝突是組織中必然存在的情況，可以發揮建設性的力量，但是也可能造成巨大的破壞。領導必須管理衝突，容許不同意見表達，以對改變與發展帶來貢獻。衝突管理有賴於談判技巧，有技巧的談判專家會致力於雙贏解決方案，並且顧及各種不同立場同事的面子與收穫。研究顯示，在處理組織內部的衝突時，有效率的領導應該關心的是所涉議題的利弊，而不是只在乎各方所堅持的立場（Fisher, Ury and Patton, 1991）。領導必須妥善化解內部衝突，並且營造團隊合作的氛圍與精神，才能讓組織真正成為可以共事的團隊。

二、領導溝通的管道與方式

　　從溝通管道來看，組織內的溝通包括正式溝通與非正式溝通。正式溝通是透過組織的溝通系統進行，非正式溝通則是存在於組織成員之間的關係網絡。領導必須藉由激勵的言詞，透過正式與非正

式的管道，向部屬清楚溝通他們提出來的願景、目標與指示。有研究指出，有些經理人把資訊當成權力，因此很少與部屬溝通；當部屬如果持續收到主管不完全或錯誤訊息，很快就會不再相信老闆。領導的溝通任務一旦失敗，將會造成部屬對於工作的方向錯誤、誤解、無效率與失去信任（Sylvie et al., 2008）。

常見的正式溝通管道包括會議與內部媒介等，不過有研究建議不應該太過於仰賴組織刊物、錄像轉播或者是大型的會議，而應該透過妥善安排的面對面溝通方式來進行，包括安排每次先與8-10位第一線的主管溝通，再透過第一線的主管去與基層員工溝通，因為包括了惠普、奇異、通用汽車、AT&T等知名企業的內部研究都證實：第一線主管往往是比較受到員工歡迎的資訊來源（Larkin and Larkin, 1996）。組織刊物的效果相當有限，因為員工多數認為內部刊物的內容已經經過篩選，因此信任此種刊物的比例通常不到兩成；錄像轉播則因難以吸引員工集中注意力，因此比較適合用於技術傳授，而非內部溝通；大型會議不適合作為溝通方式的理由則在於，學者發現群眾聚集之後可能會造成情緒強化與智慧阻絕，因此不適合溝通（Larkin and Larkin, 1996）。

正式溝通管道不通暢，必然助長非正式溝通管道的發展。非正式溝通管道對組織未必全無好處，例如可以增進組織向心力就是其好處之一，但是因為此一溝通管道可能比較不夠理性，而且經常伴隨著不實的謠言，因此必須加以適度的管理（Robbins, 2002）。有學者認為謠言盛行情況與情境模糊性以及訊息重要性成正比，但與群眾的批判能力成反比，可以表示為$R = (A \times I) / C$的公式，其中R為謠言（rumor），A為模糊性（ambiguity），I為重要性（importance），C為批判能力（critical ability）。尤其處在高度壓力與不確定的環境下，正式溝通管道如果出現資訊不足的情況，員工就會依賴非正式溝通管道的消息甚至是謠言以填補溝通空白，並

把最壞的動機都歸咎給領導者。就此而論，在組織變革的過程中，完全沒提供消息可能比提供壞消息更加糟糕（Larkin and Larkin, 1996）。

　　從溝通方式來看，溝通應該包括語言溝通與非語言溝通。古希臘的哲學家早在兩千多年前就體認到這一點，Plato曾強調說話技巧有五項要素，包括事實真相、聽眾心理、談話架構、語言字彙、崇尚道德；Aristotle則強調高明的說話高手除了掌握人格、邏輯與情感這三種說服技巧之外，更要重視整體布局以及表達的方式。由此可見，溝通方式絕不限於語言而已。

　　非語言溝通是領導溝通的重要組成，包括說話聲音、說話語調、表情與肢體動作都是重點，領導的穿著、展現、以及與其他人的互動也會影響部屬，除此之外，溝通的環境空間也非常重要。早期研究顯示：臉部表情與聲音語調就可以解釋90%的溝通，字面意義僅僅表達其餘10%的溝通意義（Mehrabian, 1968）。有些專家強調溝通時應該多微笑，適時適量的點頭回應，這強調的正是非語言溝通。有些專家建議可以有合宜的肢體碰觸，不過必須顧及禮儀與對方感受，以免造成反效果甚至引起糾紛。溝通的空間環境也很重要，在空間部分，各國的國情不同，因此交談時彼此之間應該保持的距離也不一樣；至於環境，相關實踐包括：社會交際利用餐會以消除隔閡進而拉攏彼此的情感距離，銷售人員利用狹小隔間交談以促使顧客早點進行消費決策，以及情侶安排浪漫的約會地點等都屬常見。理想的領導溝通當然也應該注意前述這些非語言溝通的技巧。非語言溝通的部分另有專章討論，茲不贅述。

　　想要瞭解領導溝通的實際情況，可以進行匿名的問卷調查，列出前述提過的重要選項，以此作為自我溝通能力檢視與改進的參考依據。領導者應該虛心面對各種批評，絕不能把這類調查當成清算的工具。如果要更完整的瞭解組織內部溝通的情況，可以進行「溝

通滿意」調查，也就是組織成員對組織內部傳播行為的各個面向感到滿意的程度（Crino and White, 1981）。研究顯示，溝通滿意與員工獲得的資訊量有關（Putti, Aryee and Phua, 1990），這不只會影響員工的工作產出與工作滿意度，也與其組織承諾之間具有顯著的正相關（Federico, 1996）。

三、領導溝通與信任

從認知學習理論出發，一個溝通訊息的完整發送與接收，牽涉到了傳播者的可信度、訊息內容、聽眾特質、以及一些特定的個人因素（例如傳播者的外顯語言行為，或是閱聽眾的涉入程度、原始態度、智力與自尊等）。其中，可信度是常被領導忽略的項目。一些研究顯示，員工傾向認為管理階層會說謊，其比例甚至高達四成三（Mirvis and Kanter, 1989）；在組織改造與瘦身的過程中，認為管理階層說謊的比例更突破六成（Larkin and Larkin, 1996）。員工不認為領導可信任的比例如此之高，應該會讓很多擔任領導職務者感到意外。

針對人際信任對管理影響的研究發現：員工的溝通條件或者溝通機會與其信任感之間具有顯著的正相關（Moore, Shaffer, Pollak and Taylor-Lemcke, 1987）。也有研究指出，組織內部信任感的建立，主要是受到以下這六項因素的影響：溝通、支持、尊重、公平、可預測性、專業能力（Bartolome, 1989）。溝通指提供資訊並加以解釋，支持指表達關切並給予資源，尊重表現為授權與傾聽，公平指給予應有讚美並在績效評量上做到客觀公正，可預測性指信守承諾以及行為的一致與可靠，專業能力則包括技術能力與經營常識。

在企業改造或裁員等組織變革的過程之中，領導溝通更顯得重

要，因為員工處在組織變革之中難免對於未來充滿不確定感，結果不只會對工作滿意度造成負面影響，也會更加不信任領導階層。研究顯示，在充滿不確定的氛圍之中，員工彼此之間會因為不安全感而表現得像是競爭者而非同事，但是良好的領導溝通可以改善這些負面的情況，並且增加員工的工作滿意度與組織承諾，進而提升工作績效（Pettit, Goris and Vaught, 1997; Goris, Pettit and Vaught, 2002）。

　　不難想見，組織傳播中的訊息交流必然複雜且多元，有時真假交錯，更難免夾帶各種動機與情緒，擔負領導職務者應該認清此一事實，並試著以溝通能力加以疏導而非只是一味防堵。前述這些情況在平時可能就對於領導者的溝通能力造成高度挑戰，如果遇上組織變革等特定的環境情況，更可能會使溝通的信任感不易建立，提高溝通難度，領導者除了積極充實自身的溝通能力之外，也要重視其與員工之間的互信基礎，如有必要時不妨尋求外部的專業人士進行必要協助以克服難關。

第四節　文化創意產業中的領導溝通

　　由於農業、工業與服務業的成長不如預期，英國在1997年首度由當時的Blair首相提倡創意產業。影響所及，世界各國政府無不開始積極推動各種文化與創意產業，希望提高生產毛額與就業率，同時強化文化內涵。臺灣也在2002年將文化創意產業列入「挑戰2008國家重典發展計畫」。我國政府規劃的文化創意產業包括了視覺藝術產業、音樂與表演藝術產業、文化展演設施產業、工藝產業、電影產業、廣播電視產業、出版產業、廣告產業、設計產業、數位休閒娛樂產業、設計品牌時尚產業、建築設計產業、創意生活產業等共十三項產業。文化創意產業受到重視，連帶也產生了新的問題，

205

那就是：如何在文化創意產業中應用與實踐領導溝通等管理技巧。

一、文化創意產業的管理難題

由於文化創意產業具有重視創意與獨特性的性質，組織必然多元且複雜，此一產業如何妥善管理，當然也成為一個充滿挑戰性的課題。在各種管理的難題當中，溝通無疑是最重要的環節。專家強調文化創意產業中的創作者，在個性上多半比較主觀與堅持，不容易溝通，因此更需要有經紀人來協助這些藝術家與市場需求進行溝通（Caves, 2002）。如果組織中有創意人與藝術家，領導者當然就必須承擔起內部與外部溝通的責任。

對於文化創意產業等以知識與專業為基礎與特色的產業組織中，領導溝通特別重視說理（argumentation）與解釋（explaining）這方面的技巧，傾聽與支持性溝通也扮演關鍵性的角色。

以媒體為例，媒體組織中的領導職位堪稱最具有挑戰性，因為媒體員工大多數具有高學歷、對於工作可自我激勵，而且往往勇於挑戰現狀。除此之外，拜科技進步之賜，在數位匯流的趨勢下，今日媒體產業中唯一不變的就是持續改變，不只工作內容發生變化，競爭也變得更激烈。然而，此一產業一直到最近的這十幾年，才因為解禁政策與新科技興起帶來的競爭加劇，而開始對於管理加以重視（賴祥蔚，2003）。正因如此，現在是有媒體產業興起以來，媒體組織最必須重視管理學並且領導能力最為不可或缺的時刻，經營媒體已經從過去的被認為等於領有「印鈔執照」，變成在太多競爭之下的高度挑戰（Sylvie et al., 2008: 29）。在這種情況下，領導更必須以更高明的管理策略與溝通能力，帶領員工戰勝這些改變。

二、媒體變遷與領導溝通

改變不免會造成組織的緊張與不確定感，並且會降低工作滿意度與對組織的承諾，並且提高員工離職的可能性（Wanberg and Banas, 2000）。針對改變管理的研究顯示：可以降低負面衝擊的方式包括讓員工參與過程、清楚溝通改變將如何發生以及未來的變貌，持續提供資訊以確保員工瞭解改變與公司的長遠目標有何關係（Cumming and Worley, 1993）。

研究顯示，員工對改變的觀感通常都是負面，各個年齡層對於改變的共同擔心都是工作品質會受到損害，而且都曾經想過要離職；進一步來看，在公司越資深的員工對改變的觀感就越負面，但是資深員工會傾向繼續留在公司，參與改變過程的員工也會傾向留在公司。一旦對於組織改變的態度有了好轉，員工才會覺得工作比起以前更加快樂。這是一項取名爲〈混亂時刻〉的針對新聞媒體組織改變的研究所發現（Daniels and Hollifield, 2002）。也有研究顯示，領導可以藉由若干作爲讓組織改變進行得容易一些，包括盡可能讓員工參與此一過程與提出看法並且加以回應、找出對於同事有影響力的員工以及最可能因改變而受到影響的員工、對於改變進行常態與公開的溝通、多關心資深或年長的員工，尤其要確保所有員工都瞭解組織爲什麼要追求改變，這點對於組織改變能不能順利進行最爲重要（Sylvie et al., 2008）。

針對數位匯流對於美國媒體影響的研究發現，電視新聞記者製作的內容不再只是提供電視使用，而是要應付多媒體需求，包括電臺、報紙與網路等；電視新聞部門主管對於數位匯流的認知是產製內容的分享，而沒有涉及跨組織的人員合作；對於新聞記者則期望他們要同時具備以下的各種能力：平面與電子等多媒體新聞的寫作與改寫、影像與照片的拍攝與編輯、繪圖設計、甚至網站設計；儘

管67%的電視臺未能提供相關的教育訓練（Duhe et al., 2004）。學者Quin曾提出數位匯流應該讓媒體採取成長策略而非節省策略。但是實際上，由於對數位匯流的觀念不夠正確，以及網路新媒體還沒有真正開始獲利等因素，媒體主管多半只是在現有的組織人力下希望將產製內容轉換輸出給其他媒體使用，沒有真正掌握數位匯流的精神，因此存在著三種另類的數位落差，亦即在部門主管與記者、網路人與新聞人、新聞部門與廣告部門之間都有觀念落差，而且呈現出來的網路新聞也都是從傳統媒體的內容「鏟製」（shovelware）而來，只有小幅修改或甚至完全未修改，更沒有發揮多媒體與互動優勢（Huang and Heider, 2007）。匯流對於記者造成甚麼影響，有專家認為只要稍加訓練即可調適，也有學者認為記者已工作超量又承受了太大的壓力。一項全美調查發現：將近一半的記者雖然喜歡跨媒體工作環境，但有24.9%認為原本的工作品質受到影響（Smith, Tanner and Duhe, 2007）。比較新聞部門主管與員工對匯流的看法可以發現，主管90.0%持正面態度，10.0%中立，0.0%持負面態度者，員工則是60.7%持正面態度，32.2%中立，7.1%持負面態度；當問及是否降低工作品質，主管只有28.3%同意，但員工卻有46.8%同意，此外在科技相容性的困擾與不同媒體價值衝突兩個面向，主管與員工的態度也有顯著差異（Smith, Tanner and Duhe, 2007）。由此可知，即使只是產製內容的分享，匯流都已經使得媒體內部出現了觀點衝突，一旦新科技進一步造成媒體人員與組織的調整，衝擊必然更加巨大。如何帶領媒體迎向新科技所帶來的便利以及相應的組織調整，有賴於領導的卓越溝通能力。研究者建議應該把網路製作者併入新聞部、給記者額外誘因或工作調整以進行網路工作、並且訓練銷售人員多多瞭解網路內容的價值（Huang and Heider, 2007）。除此之外，媒體主管如何正確認識數位匯流，從而提出包括組織調整等願景與因應策略，並且在朝向此一方向努力時多多開放員工參

與對話，以此加強領導溝通，提高全體員工的組織承諾，這樣才是長遠之道。

　　莊伯仲與賴祥蔚在2009年針對公共電視管理階層領導能力的調查研究就顯示，公共電視員工對於管理階層的整體領導能力，有超過六成感到不滿意或是非常不滿意。在各個選項中與領導溝通有直接關係的部分包括：對於主管是否傾聽基層意見並給予正面回應，有超過六成感到不滿意或是非常不滿意；當問及員工與管理階層溝通時是否感到自在而不會難堪，也有超過五成感到不滿意或是非常不滿意。前述不滿意比例超過五成或六成的情況，不宜直接推論為當時的公共電視經營階層較不適任，這是因為欠缺過去公共電視經營階層的調查數據，因此無法進行縱向比較；也欠缺其他媒體的調查數據，因此無法進行橫向比較。在此一調查研究進行時，公共電視正處於整併成為公廣集團的組織變革階段，加上預算在立法院又遭到凍結，這些也可能影響了員工對於管理階層的滿意度。不過前述調查數據，仍然顯示出包括公共電視在內的媒體領導，都必須更加注意激勵、公平、信任、溝通與傾聽等領導能力的幾個重要面向。

第五節　結　論

　　本章簡單探討了領導與溝通研究的發展，一開始回顧管理理論的源起，再轉入領導理論，依序介紹領導特質、行為理論、權變理論或是情境理論以及繼起的幾種領導理論，其次重點呈現領導溝通研究的各個面向，包括傾聽、激勵、談判、溝通管道、溝通方式、領導溝通與信任等，最後特別針對文化創意產業中的領導溝通進行著墨。

　　儘管領導溝通具有高度的重要性，但是看過本章後不難發現，

相關研究仍有不足。學者指出，未來研究應該集中於領導溝通的發展（Cohen, 2004）。進一步來看，領導溝通的既有理論基礎，多數是建構於西方研究之上，這些研究成果雖然可貴，但是自有其限制：首先是這些西方研究的發現，不一定能適用於臺灣的具體情況；其次是若干經典研究的進行年代距今頗久，可能必須考慮時間因素來進行必要的修正；第三是早期研究的對象多數是針對傳統的工業，因此應用到不同產業時的產業差異也必須列入考慮，特別是應用到過去十幾年最被提倡的文化創意產業；第四是當前的新科技發展速度驚人，一方面，網際網路、行動通訊等新媒體科技高度發達，必然對於包括領導溝通在內的各種溝通行為造成巨大影響；另一方面，新科技也對產業面貌造成巨大的衝擊，許多產業都要面對隨之而來的科技翻新或是組織改造，變遷之快與壓力之大都屬前所未見。前述的這些變項，都將是日後在推動領導溝通在發展時必須面對的挑戰。

問題與討論

1. 人人都有領導特質嗎？請寫下自己所具備的領導特質有哪些。
2. 希望管自己的主管採取放任式管理或是威權式管理？為什麼？
3. 溝通能力應該包括哪些內涵？其中什麼技巧最重要？為什麼？
4. 組織中常有謠言嗎？謠言會造成什麼破壞？領導該怎麼解決？
5. 你曾經對主管感到不滿嗎？希望主管怎麼藉由溝通技巧來化解？

進　階　閱　讀

Clutterbuck, D., and Hirst, S., (2002), Leadership communication: A status report. *Journal of Communication Management*, 6(4): 351-354.

Madlock, P. E. (2008). The link between leadership style, communicator competence, and employee satisfaction. *Journal of Business Communication*, 45(1), 65-78.

Mayfield, J, and Mayfield, M. (2002). Leader communication strategies critical paths to improving employee commitment. *American Business Review*, 20(2): 89-94.

Wilson, S. R. and Sabee, C. M. (2003). Explicating communication competence as a theoretical term. In J. O. Greene and B. R. Burleson (Eds.). *Handbook of communication and social interaction skills* (pp.3-50). Mahwah: Lawrence Erlbaum Associates.

參考書目

一、中文部分

莊伯仲、賴祥蔚（2009）。《97年度公廣集團主管領導能力與員工工作
滿意度之調查研究》。公共電視產業工會委託研究計畫。

賴祥蔚（2003）。《廣播節目企劃與電臺經營》。臺北：揚智出版社。

二、英文部分

Bartolome, F. (1989). Nobody trusts the boss completely——Now what?,
Harvard Business Review, 67(2): 135-142.

Bass, B. M. (1990). From transactional to transformational leadership:
Learning to share the vision. *Organizational Dynamics*, 18: 19-31.

Burns, J. M. (1978). *Leadership*. New York: Harper & Row.

Caves, Richard E. (2002). *Creative industries: Contracts between arts and
commerce*. Harvard University Press.

Clutterbuck, D., and Hirst, S., (2002), Leadership communication: A status
report. *Journal of Communication Management*, 6(4): 351-354.

Cohen, M. S. (2004). Leadership as the orchestration and improvisation of
dialogue: Cognitive and communicative skills in conversations among
leaders and subordinates. In: D. V. Day, S. J. Zaccaro and S. M. Halpin
(Eds.), *Leader development for transforming organizations—— Growing
leaders for tomorrow* (pp.177- 208). Mahwah: Lawrence Erlbaum
Associates.

Collins, Jim (2001). *Good to great*. New York: Harper Collins Publisher.

Conger, Jay A. and Kanungo, Rabindra N. (1987). Toward a behavior
theory of charismatic leadership in organizational settings. *Academy of*

Management Review, 12(4): 637-647.

Crino, M. E., and White, M. C. (1981). Satisfaction in communication: An examination of the Downs-Hazen measure. *Psychological Reports*, 49: 831-838.

Cumming, T. G. and Worley, C. G. (1993). *Organization Development and Change*, West Publishing.

Cushman, D. P., and Craig, R. T. (1976). Communication systems: Interpersonal implications. In G. R. Miller (Ed.), *Exploration in interpersonal communication* (pp. 37-58). Beverly Hills, CA: Sage.

Daniels, G. L. and Hollifield, C.A. (2002). Times of turmoil: Short and long-term effects of organizational change on newsroom employees. *Journalism & Mass Communication Quarterly*, 79(3): 661-680.

Duhe, S. F., Mortimer, M. M. and Chow, S. S.(2004). Convergence in TV newsrooms: A nationwide look. *Convergence: The International Journal of Research into New Media Technologies* 10(2): 81-104.

Federico, R. F. (1996). The great e-mail debate. *HR Magazine*, 41(1): 67-70.

Fisher, R. E., Ury, W. and Patton B. (1991). *Getting to yes*. New York: Penguin Books.

Goris, J. R., Pettit, J. D., and Vaught, B. C. (2002). Organizational communication: Is it a moderator of the relationship between job congruence and job performance/ satisfaction? *International Journal of Management*, 19(4): 664-673.

Hersey, P., and Blanchard, K. H. (1982). *Management of organizational behavior: Utilizing human resources*. Englewood Cliffs, NJ: Prentice-Hall.

Holladay, S. J., and Coombs, W. T. (1993). Communication visions: An exploration of the role of delivery in the creation of leader charisma.

Management Communication Quarterly, 6: 405-427.

Huang, J. S., and Heider, D. (2007). Media convergence: A case study of a cable news station. *The International Journal on Media Management*, 9(3), 105-115.

Larkin, T. J, Larkin, S. (1996). Reaching and changing frontline employees, *Harvard Business Review*, 74(3): 95-104.

Levinson, H. (1981). Criteria for choosing chief executives, Harvard Business Review, 58(4): 113-120.

Madlock, P. E. (2008). The link between leadership style, communicator competence, and employee satisfaction. *Journal of Business Communication*, 45(1), 65-78.

Maslow, A. H. (1954). *Motivation and personality*. New York: Haper & Row.

Mayfield, J, and Mayfield, M. (2002). Leader communication strategies critical paths to improving employee commitment. *American Business Review*, 20(2): 89-94.

Mehrabian, A. (1968). Communication without words. *Psychology Today*, 2(9): 52-55.

Mirvis, P., and Kanter, D. L. (1989). Combating cynicism in the workplace. National Productivity Review, 8(4), 377-394.

Moore, S. F., Shaffer, L. S., Pollak, E. L., and Taylor-Lemcke, P. (1987). The effect of interpersonal trust and prior common problem experience on common management. *Journal of Social Psychology*, 127: 19-29.

Nanus, B. (1992). *Visionary leadership: Creating a compelling sense of direction for your organization*. San Francisco: Jossey-Bass.

Nichols, Ralph G. and Stevens, Leonard A. (1957). *Are you listening*? New York: McGraw-Hill.

Pettit, J. D., Goris, J. R., and Vaught, B. C. (1997). An examination of organizational communication as a moderator of the relationship between job performance and job satisfaction. *The Journal of Business Communication*, 34(1): 81-99.

Putti, J. M., Aryee, S., and Phua, J. (1990). Communication relationship satisfaction and organizational commitment. *Group & Organization Studies*, 15: 44-52.

Rouhiainen, Maijastiina (2007). The Communication Competence of Leaders. Paper presented at the 56th Annual Conference of the International Communication Association.

Salacuse, J. W. (2007). Real leaders negotiate. *University Business*, 10: 2-3.

Smith, L. K., Tanner, A. H., Duhe, S. F. (2007). Convergence concerns in local television: conflicting views from the newsroom. *Journal of Broadcasting & Electronic Media*, 51(4): 555-574.

Spitzberg, B. H. (1983). Communication competence as knowledge, skill, and impression. *Communication Education*, 32: 323-329.

Stogdill, R. M. (1975). The evolution of leadership theory. *Academy of Management Proceedings*, 4-6.

Sullivan, J. J. (1988). Three roles of language in motivation theory. *Academy of Management Review*, 13(1): 104-115.

Sylvie, G., Wicks, J. L., Hollifield, C. A., Lacy, S. and Sohn, A. B. (2008). *Media management: A casebook approach*. Lawrence Earlbaum Assocates.

Vroom, V. H. (1964). *Work and motivation*. New York: Wiley.

Wanberg, C.R. and Banas, J.T. (2000). Predictors and outcomes of openness to changes in reorganizing workplace, *Journal of Applied Psychology*, 85(1): 132-42.

Wilson, S. R. and Sabee, C. M. (2003). Explicating communication

215

competence as a theoretical term. In J. O. Greene and B. R. Burleson (Eds.). *Handbook of communication and social interaction skills* (pp.3-50). Mahwah: Lawrence Erlbaum Associates.

國家圖書館出版品預行編目資料

人際溝通的理論與應用／吳奇為等合著. ――
1版. ――臺北市：五南, 2009.10
　面；　公分
含參考書目
ISBN 978-957-11-5768-9（平裝）
1.人際傳播
177.1　　　　　　　　　　　98015477

1ZB4

人際溝通的理論與應用

主　　編 ― 賴祥蔚(394.3)　鈕則勳

作　　者 ― 吳奇為　鈕則勳　林萃芬　張惠蓉　莊伯仲
　　　　　　賴祥蔚

發 行 人 ― 楊榮川

總 編 輯 ― 龐君豪

主　　編 ― 陳念祖

責任編輯 ― 李敏華

封面設計 ― 哲次設計

出 版 者 ― 五南圖書出版股份有限公司

地　　址：106台北市大安區和平東路二段339號4樓

電　　話：(02)2705-5066　傳　　真：(02)2706-6100

網　　址：http://www.wunan.com.tw

電子郵件：wunan@wunan.com.tw

劃撥帳號：01068953

戶　　名：五南圖書出版股份有限公司

台中市駐區辦公室/台中市中區中山路6號

電　　話：(04)2223-0891　傳　　真：(04)2223-3549

高雄市駐區辦公室/高雄市新興區中山一路290號

電　　話：(07)2358-702　傳　　真：(07)2350-236

法律顧問　元貞聯合法律事務所　張澤平律師

出版日期　2009年10月初版一刷

定　　價　新臺幣330元